LE PETIT
ET LE
GRAND MONDE

MOEURS CONTEMPORAINES

PAR

Mme Hippolyte TAUNAY.

I

C. L.

PARIS.

CHARLES LACHAPELLE,
ÉDITEUR,
RUE SAINT-JACQUES, 38.

A. ALLOUARD, LIBRAIRE,
Successeur de G. VARRÉE,
QUAI VOLTAIRE,

1840.

LE PETIT

ET LE GRAND MONDE.

Imprimerie de Pommeret et Guenot, rue Mignon, 2.

LE PETIT
ET LE
GRAND MONDE

MOEURS CONTEMPORAINES

PAR

Mme Hippolyte TAUNAY.

I

C. L.

PARIS.

CHARLES LACHAPELLE, ÉDITEUR, RUE SAINT-JACQUES, 38.

A. ALLOUARD, LIBRAIRE, Successeur de G. VARRÉE, QUAI VOLTAIRE,

1840.

INTRODUCTION.

La lecture est, sans contredit, le plus doux et le plus utile passetemps auquel l'homme puisse se livrer, s'il y est mû par le désir de se façonner au bien en s'instruisant. Dans cette noble et sainte occupation qui décuple et centuple notre existeuce, les heures s'écoulent comme des minutes; car l'esprit avide d'émotions voudrait tout saisir, tout deviner, tout interpréter à la fois; plus on s'y applique avec ardeur, plus on s'y complaît, et quelquefois même un autre besoin non moins impérieux s'empare de nous quand nous nous sommes rompus à cet exercice : c'est celui d'écrire à notre tour, et de repercuter pour ainsi dire en autrui le résultat de nos réflexions; échange heureux d'opinions, de sentiments et d'amour de la sagesse, où s'agrandit le domaine de l'intelligence, où s'épure la raison, où triomphera tôt ou tard la cause de l'humanité.

Mais il faudrait qu'il n'y eût que de bons livres, ou du moins que le nombre en dépassât de beaucoup celui des livres inutiles ou pernicieux. L'inconvénient de la lecture, lorsqu'on n'y suit pas une méthode rationnelle, est d'avoir trop fréquemment à débrouiller le chaos des doctrines contradictoires; en toute chose, grâce aux sophistes ou faux sages, le pour et le contre se soutiennent presque avec le même degré d'éloquence et de succès apparent, et ce qui n'est que risible dans les matières indifférentes, est affligeant et décourageant en morale.

Comment, dans les ambiguités d'un tel labyrinthe, trouver le fil qui nous dirige et nous préserve de l'erreur? quelle voie suivre enfin dans la recherche de la vérité! Voilà le difficile. Mais c'est une sorte de nœud Gordien qu'il faut trancher tout résolument plutôt que de perdre son temps et sa patience à vouloir le délier.

La théorie, en effet, bâtit sur le sable : un souffle efface ses plus séduisants édifices; susceptible de fausses interprétations, elle est féconde en preuves erronées, en systèmes plus ou moins incompatibles avec la faiblesse de notre être, et à la faveur de spécieux raisonnements, elle aboutit presque toujours à l'absurde. Il est donc prudent de s'en défier, sans toutefois la rejeter entièrement, le tout est de savoir s'en servir à propos et l'usage en facilite les moyens.

La pratique, et tout ce qui s'en rapproche comme méthode, vaut mieux, et généralement on s'instruit plus par l'exemple que par le précepte : une action vraiment belle n'a pas besoin de commentaires pour être interprétée, pour être sentie, pour être profitable; elle parle d'elle-même, elle excite l'admiration, et comme un heureux levain, elle est un puissant véhicule vers le bien.

A défaut de belles actions réelles (elles sont malheureusement trop rares vu la multiplicité des temps et des lieux, ou susceptibles d'un peu de monotonie comme étant exercées d'ordinaire dans le même cercle), à défaut, dis-je, d'actions réelles, des actions imaginaires, mais présentées avec vraisemblance et intérêt, peuvent prétendre au même résultat : toucher et persuader sont identiques en morale; et certes, l'immortel tableau de *Paul et Virginie*, pour être de pure imagination, n'en est pas moins propre à faire germer les semences du bien dans les ames que l'exemple des faits les plus avérés. Il a fait et fera toujours de nombreux prosélytes à la piété filiale, à l'amour chaste, à la résignation envers la Providence, à la pratique de toutes les vertus.

Telle est la pensée qui m'a guidée dans la composition d'une suite d'opuscules appropriés à l'amélioration du peuple, but qu'il est honorable de viser, quand bien même on n'aurait pas la force de l'atteindre. Je me suis donc appliquée à présenter aux classes inférieures de la société des peintures dont la partie dramatique en retraçât avec fidélité les mœurs, les habitudes, les penchants, afin de contribuer de mon mieux à mettre en évidence leurs véritables besoins au milieu des maux réels ou imaginaires qui les assiégent, de leur être utile par mes conseils au moins, dans l'intérêt général et particulier. La route a été tracée par d'autres, simple pionnier, je m'efforce d'en déblayer les abords.

Notre époque, l'une des plus favorables qui aient encore lui à la terre, n'est nullement hostile, il faut en convenir, à ceux qu'on nomme improprement des *prolétaires*; il n'y a même pas de prolétaires partout où l'esclavage n'existe plus, partout où une Charte analogue à la nôtre, consacre l'égalité devant la loi; tout le monde en effet est appelé parmi nous au partage des richesses de la civilisation; le pauvre, avec de l'industrie ou du bonheur, peut devenir riche; le riche puissant en dignité, et le dignitaire sage! à chacun selon ses goûts, son génie et son ambition. En France donc, il n'y a plus de prolétaires; car nous sommes tous destinés, dès l'enfance, au bienfait de l'éducation, source véritable de l'humaine félicité.

Si à notre époque, trop souvent calomniée, quelques crimes atroces, quelques vices odieux ou affligeants se font encore jour dans notre civilisation, par combien d'exemples éclatants de vertus publiques et privées ne sont-ils pas compensés! S'agit-il d'une souscription en faveur d'un homme accablé par l'infortune? elle est soudain remplie avec le plus touchant intérêt: des hôpitaux splendidement établis par la nation, d'autres par de simples citoyens, accueillent tous les genres de souffrance physiques; des feuilles quotidiennes recherchent avidement les actions d'éclat pour les signaler à l'admiration générale, et des solennités ont lieu pour les récompenser.

Quand y eut-il en France et ailleurs plus de maisons de réfuge et d'encouragement, de plus heureuses associations pour tous les degrés de mérite ou d'avoir? caisses d'épargnes, caisses d'escomptes ou d'avances de fonds sur de simples probabilités! L'industrie se sert de toutes les capacités; la culture singulièrement améliorée réclame le concours de tous les bras sans en trouver assez : le temple de la guerre est pour ainsi dire fermé à tout jamais par le commerce, et le peuple entier peut, à son gré, user de l'immense bien-être produit par cet accroissement de civilisation qui a fait descendre au plus bas prix possible les objets de première nécessité et même de luxe.

Mais pour se trouver heureux faut-il donc absolument que le peuple soit riche? faut-il qu'il jouisse de ces plaisirs dangereux qui énervent les facultés morales et détruisent avant l'âge les forces physiques? Non, sans doute.

Il lui faut avant tout un travail obligé, que le besoin seul peut faire endurer, et auquel tient pourtant l'essentielle condition du bonheur; il lui faut un tarif raisonnable du prix des travaux, qui mette l'ouvrier à même de soutenir sa famille honorablement, sans porter préjudice à l'entrepreneur. Rien n'empêche ce même ouvrier d'avoir de la conduite, de l'intelligence et de faire un grand pas dans son art, en profitant aux cours publics professés par des savants du premier mérite et remplis de philanthropie; alors il deviendra entrepreneur lui-même; car s'il offre quelque responsabilité morale, il trouvera des bailleurs de fonds, il prospèrera et pourra diriger ses enfants dans des carrières libérales; alors il s'applaudira d'avoir eu foi aux promesses du corps social, tel qu'il apparaît aux détracteurs du XIXe siècle, pour leur donner un démenti formel; alors il méritera d'être offert en point de mire à ceux qu'il aura laissés derrière lui, et qu'aveuglent encore les ignobles passions et les préjugés.

Le loisir mal employé : voilà la plaie capitale des ouvriers! qu'il soit en partie donné à de bonnes lectures et l'amélioration progressive ne peut manquer d'avoir lieu. Pour cela il ne saurait y avoir trop de livres moraux à leur portée. Les inciter au bien par de douces images, leur offrir de beaux exemples à suivre, les conduire, les encourager dans la tâche pénible que leur a départie le sort; tel est, à mon gré, le plus important devoir de la société à leur égard.

Si j'ai contribué pour ma faible part à prouver combien cette classe nombreuse de la population serait heureuse, si elle le voulait; si j'ai porté à la pratique de quelque vertu, une seule de ces familles que l'inconduite pousse et perpétue dans l'indigence, en lui montrant le chemin à suivre pour vivre dans l'aisance et le repos du cœur, je me croirai entièrement payée du travail de mes veilles, et je serai encouragée à compléter la publication d'une suite de tableaux populaires, dont je livre aujourd'ui le premier volume à la lumière, sous le titre général de *Mœurs contemporaines*. De peur cependant qu'on ne m'accusât de préférer un genre à un autre, je préviens d'avance que je mettrai aussi à contribution toutes classes de la société jusqu'aux plus élevées, et qu'en proposant à mes lecteurs l'enseignement du bien je tâcherai de profiter moi-même à mes propres observations.

PIERRE-LE-ROUX

OU

UNE GRANDE LEÇON.

I

C'est une belle ville que Paris, surtout par un beau soleil d'été, lorsque l'heureux oisif de cette immense capitale se promène dans ces magnifiques quartiers où se trouvent *la Bourse*, *la rue Neuve-Vivienne*, *le Palais-*

Royal, *la rue de Rivoli*, *la place Louis XV*, *les Tuileries et les Champs-Élysées*. Que de merveilles et de richesses entassées dans cet espace, sans parler des *boulevards*, *de la Chaussée-d'Antin*, *du faubourg Saint-Germain*, et d'une foule d'autres places, rues et monuments. Parmi ces beautés sans nombres, dont une seule ferait la gloire et l'orgueil d'une ville de province, se trouvent encore de petites rues boueuses où l'on ne respire qu'un air fétide et malsain, dont les maisons noires et basses ne reçoivent jamais un rayon de soleil; d'épaisses fumées y obscurcissent souvent la clarté du jour, et si par malheur un élégant Parisien s'égare dans ce labyrinthe empoisonné, il tient son mouchoir à son nez, presse le pas et ne respire que lorsqu'il a atteint les limites d'un pareil cloaque.

Pour qu'on ne puisse errer sur le quartier dont nous parlons, car il en existe encore plusieurs de ce genre à Paris, hâtons-nous de dire qu'il est question *du faubourg Saint-Marceau*. Quatre parties très distinctes de la population se partagent cette extrémité de la capitale. Ce sont : *les Tanneurs, les Brasseurs, les Blanchisseuses et les Chiffonniers*, tous y vivent, à ce qu'il paraît, sinon en bonne odeur, du moins en bonne intelligence.

La petite rivière *de la Bièvre*, qui se traîne plutôt qu'elle ne coule, au milieu de ce faubourg, entre pour beaucoup dans sa prospérité. C'est autour de cette eau fangeuse que sont venues se grouper pêle-mêle ces différents genres d'industrie. Au reste, il ne faut pas croire que ces peaux d'animaux, ces mottes à brûler et les mille guenilles qui pendent à toutes les fenêtres dans certaines rues de ce quartier, froissent la vue et affectent si désagréablement l'odorat, ne soient pas une source de fortune et de prospérité pour l'homme intelligent et laborieux. Il ne faut le plus souvent, dans ces branches de commerce, que de la conduite pour prospérer. Et telle maison du faubourg Saint-Marceau dont l'abord repoussant fait soulever le cœur, possède un crédit plus grand, et surtout mieux mérité, que le bel et riche établissement situé au centre de la capitale, et qui, orné de glaces magnifiques, d'arabesques du meilleur goût, voit se presser chaque soir à sa porte des centaines de badauts.

Si, comme nous venons de le dire, le faubourg Saint-Marceau renferme de riches maisons bien famées à la Banque, il est aussi le réceptacle de toutes les misères humaines. Voyez cette quantité innombrable de chiffonniers de tout âge et des deux sexes, débouchant le matin des rues *Copeau*, *Censier*, *Neuve-Saint-Médard* et autres, pour se réunir chez les divers marchands d'eau-de-vie de la rue *Mouffetard*, lesquels sont toujours sur pieds dès cinq heures du matin. Quand cette foule glapissante a bu sa petite goutte, elle se disperse de différents côtés pour se répandre çà et là dans l'intérieur de la capitale. Vers dix heures, tous ces chiffonniers rentrent dans leurs tannières pour aviser au triage et au classement de leurs richesses. Dès qu'il fait nuit, ces malheureux vont de nouveau chercher leur vie dans les tas d'ordures jusqu'à onze heures, minuit et même une heure du matin, selon qu'ils sont plus ou moins forts, plus ou moins courageux. Pendant ce pénible travail on renouvelle de temps en temps la visite chez le marchand d'eau-de-vie, et telle est précisément la plaie incurable de cette classe nombreuse et utile de la population des grandes villes. C'est, disent-ils, leur consolation ! Fatale consolation, puisque de l'abus de cette dangereuse boisson naissent presque toujours leurs maux; je dirai plus, leurs chagrins.

Il me sera facile de prouver la vérité de cette observation : il ne faut pour cela que me suivre dans l'intérieur d'une de ces bicoques afin d'y étudier avec moi la vie privée de l'un de ces habitants. Entrons au hasard et faisons l'expérienee.

Nous voici donc dans la rue Neuve-Saint-Médard, quartier général des loques. La maison n° 12 est d'un aspect sale et repoussant. Voyons de quoi elle se compose : le rez-de-chaussée et le premier étage servent de magasin; le second se partage en deux chambres, l'une est vacante et l'autre est tenue depuis assez longtemps par Pierre-le-Roux, habile chiffonnier. Ce surnom prit sans doute son origine dans la couleur de ses cheveux, d'un blond très hasardé; la taille de cette homme est peu élevée; sa figure et surtout son nez horriblement bourgeonnés, enfin ses yeux bordés de rouge complètent un ensemble tout-à-fait grotesque. A peine âgé de vingt-quatre ans, Pierre-le-Roux est cependant marié, car il a des mœurs. Or, voici comment la chose s'était passée. Il a rencontré un jour à la Glacière barrière renommée, où il va danser, car Pierre-le-Roux danse, une jeune fille qui, orpheline et sans état, se destinait au même genre d'industrie que lui. Il avait remarqué que tous ses confrères en voulaient à cette malheureuse, et que force lui serait de céder sa personne à quelqu'un d'entre eux pour la sauver de tous.

Naturellement honnête, Pierre-le-Roux forme bientôt le projet de la leur enlever dignement, d'autant que la petite n'est vraiment pas mal. Sans rien dire à personne, puisque de son côté il est bâtard, Pierre va trouver la jeune orpheline, fait, sans le moindre préambule, sa proposition qui est acceptée avec empressement et reconnaissance. Au bout de quelques semaines, notre honnête chiffonnier conduit fièrement sa conquête à la mairie du douzième arrondissement, en ayant soin de la promener dans toutes les rues et impasses du quartier d'un air triomphant et le bouquet au côté.

Le soir de ce beau jour, les nouveaux mariés dansaient à la Glacière et mangeaient le fin plat de goujon, sans compter la salade de barbe de capucin couverte de betteraves. Chaque fois qu'un camarade passait devant leur table et se permettait de fixer la mariée, on ne manquait pas de lui faire, avec le second doigt, ce geste significatif et méprisant, qui veut dire : *Je t'en ratisse.* Quelques chansons grivoises furent aussi entonnées, accompagnées d e bruyants éclats de rire. Jusque-là ce n'avait été que de la plaisanterie analogue à la circonstance, et tout s'était assez bien passé;

mais quand vint la fin de la soirée, les têtes s'échauffèrent, quelques mauvais plaisants voulurent s'amuser aux dépens de Pierre-le-Roux. Celui-ci, d'un caractère extrêmement doux à jeun, devenait facilement furieux lorsqu'il avait bu. Or, il avait bu! C'est pourquoi notre nouvel époux, n'écoutant que sa colère, lança au moment où l'on s'y attendait le moins, une bouteille à la tête d'un de ceux qui le goguenardaient. Le coup fut si bien dirigé que le sang sortit à flots d'une énorme blessure, ce qui fit jeter les hauts cris à toute l'assemblée. La garde appelée voulut mettre le holà; mais Pierre-le-Roux, toujours plus exaspéré, ne fut saisi qu'après une vigoureuse défense. On le mena au corps-de-garde, puis en prison, puis sur le banc des accusés, où il fut condamné à quinze jours de prison et à 16 fr.

d'amende, pour rebellion envers la force armée.

Pendant ce temps, la pauvre mariée se désolait d'avoir pris sans réflexion un mari si brutal et de passer seule un temps qu'elle trouvait bien long. On la rassura, tant bien que mal, sur le naturel de son mari, en lui disant qu'il n'était méchant que dans l'ivresse; mais que hors cet état, c'était le meilleur homme du monde. On ne la trompait point. Pierre-le-Roux avait un excellent cœur, une douceur de mœurs remarquable, et par dessus tout, une probité à toute épreuve. Si Pierre-le-Roux n'avait pas pris trop souvent la malheureuse consolation du chiffonnier, c'eût été un homme parfait. Les habitants de son quartier lui rendaient justice et l'aimaient beaucoup, quoiqu'ils le craignissent un peu. Deux ou trois maîtres chiffonniers ayant appris sa condamnation se cotisèrent pour payer l'amende, bien sûrs qu'il leur rendrait ce qu'ils avanceraient pour lui. Enfin au bout de quinze jours il fut mis en liberté et réuni à sa femme qui ne savait trop si elle devait s'en réjouir ou s'en affliger.

Les semaines en général se passaient assez paisiblement dans la rue Neuve-Saint-Médard. Mais le dimanche, et surtout le lundi soir, c'était un vacarme effrayant pour les quelques passants attardés dans ce solitaire et sale quartier. On entendait de gros jurons, des cris d'enfants, des voix aigres appartenant à des femmes en colère; quelquefois aussi des chants se faisaient jour au milieu de ce tintamarre : pour être moins effrayant ce bruit n'en était pas plus harmonieux. L'un frappe de toutes ses forces à sa porte que sa femme refuse de lui ouvrir, sous le prétexte assez plausible qu'il est ivre, et partant elle le condamne pour récidive à passer la nuit à la belle étoile. Une autre redisait pour la vingtième fois : mais laisse-donc dormir ces enfants; mange ta soupe et couche-toi, vilain ivrogne! Nous devons dire à la honte de l'humanité, qu'il se trouvait même des femmes, des mères aussi non moins ivres que leurs maris, et qu'alors les malheureux enfants criaient et se désespéraient n'ayant plus de recours que dans la Providence!

La maison de Pierre-le-Roux n'était pas plus calme que celle du voisinage, au contraire; car, comme nous l'avons dit, cet homme avait ce qu'on nomme vulgairement le vin méchant. Sa femme, la douceur même, ne pouvait alors le contenir. Quand la tête de Pierre-le-Roux commençait à se monter, rien ne parvenait à le maîtriser; il fallait absolument qu'il se querellât avec quelqu'un, querelle qui finissait toujours par des coups. Cette espèce de rage une fois passée, le lion devenait un véritable mouton : il pleurait, demandait pardon et jurait de ne plus recommencer. Son affliction était grande quand sa colère s'était tournée contre sa femme qu'il aimait tendrement. La vue d'une contusion faite par lui le réduisait au désespoir sans le rendre plus raisonnable; sans ce vilain défaut, Pierre-le-Roux et sa femme eussent été parfaitement heureux. Actifs et laborieux ils travaillaient ensemble et gagnaient beaucoup d'argent; car c'est un état inconnu que celui de chiffonnier. Les papiers, les chiffons, les os, offrent des ressources inouïes à l'industriel qui ne les dédaigne pas, sans compter le fer, le bois, l'or même et l'argent qui se rencontrent journellement dans les ruisseaux de Paris.

Une autre ressource encore se présente quelquefois : c'est de trouver les objets perdus et de les confisquer à son profit. Pierre-le-Roux, incapable de la moindre bassesse, rendait fidèlement ce qui tombait entre ses mains de cette manière. C'est ainsi qu'un jour, il frappa dès le matin à la porte d'un bel hôtel de la rue de la Chaussée-d'Antin, et demanda hardiment le maître de la maison, disant qu'il avait à lui remettre quelque chose. Le concierge indigné voulut le chasser; le chiffonnier tint bon, enfin le bruit ayant attiré le comte de R***, maître du logis, Pierre-le-Roux lui dit avec volubilité :

— Vot concierge n'est guère civilisé, et si jamais je demeure dans une maison à portier, je n' veux pas qui renvoie si durement le pauvre monde. Enfin suffit; j'y pardonne; il n'est pas obligé de connaître Pierre-le-Roux... Pierre-le-Roux, c'est mon nom; et j' suis chiffonnier d' mon état, pour vous servir : moyennant ma plaque que v'là, j'ai droit de courir Paris dans tous les sens et de feuilleter tous les tas d'ordures, pour y prendre ce qu'on jette; quant à ce qu'on perd c'est autre chose. Il y en a d'aucuns qui disent que c'est le retour du bâton; mais voyez-vous, moi, je ne mange pas de ce pain là.

C'est pourquoi, qu'après avoir fait rafle au coin de la borne de vot hôtel, même que la hotte de ma femme qui m'attend là dehors est quasi pleine, v'là que j' vois briller queu-que chose. J' frotte mes yeux parce qu'y n' faisait pas encore bien jour; prends garde, que j' dis comme çà, à Rosalie... C'est not femme, sans vous commander, pour lors que j' li dis, prends garde, tu vas te couper, vois-tu ce morceau de verre qui brille?

— Ce morceau d' verre, qu'a me répond, en prenant c'te p'tite chose qui reluit tout d' même joliment; c'est une boucle d'oreilles de fin diamant!

Tout d' même qu' c' en était z'une qui vous s'rait rendue depuis une heure si ce grand flandrin n' m'avait empêché de vous parler, quoique j'aie eu la précaution d' laisser mon mannequin et mes sabots à votre porte.

Ce bijoux avait en effet été perdu deux jours avant par une dame qui était venue au bal chez M. le comte de R***. Enchanté de le retrouver, ce noble personnage dit à son valet de chambre : « Donnez 5 francs à cet honnête homme, afin qu'il boive un coup à ma santé. » Le chiffonnier remercia, tout joyeux en ne faisant pas même la juste réflexion que c'était récompenser bien chichement une bonne action, et que le devoir des riches serait d'encourager avec plus de noblesse la probité chez le peuple.

Une autre fois, Pierre-le-Roux revenait plus tard que de coutume, par une raison facile à concevoir. Il fallait qu'il travaillât pour deux, car sa femme étant sur le point d'accoucher ne pouvait plus porter le mannequin. Les couches ne l'embarrassaient guère ; il était convenu qu'on les ferait à la *Maternité*; mais Pierre-le-Roux n'était pas homme à y laisser sa progéniture. Il fallait donc nourrir l'enfant et cesser de travailler, ou le mettre en nourrice et payer. Quel que pût être le parti auquel on s'arrêterait, il fallait au préalable de l'argent. Pierre-le-Roux songea donc sérieusement à faire des économies. Déjà 3 francs avaient été laissés au maître chiffonnier pour les trouver en cas de besoin ; car pour garder de l'argent chez lui, il n'avait pas le moral assez fort.

Tout en ruminant dans sa tête, que, si sa femme accouchait promptement, le boursicot serait bien peu fourni, voilà tout à coup qu'en passant au coin du pont Saint-Michel, des cris perçants se font entendre,

Au secours, au voleur... à moi! s'écriait-on d'une voix étouffée : ne consultant que son courage, sa lanterne élevée, le croc en avant, Pierre-le-Roux se met à courir en criant : on y va..., on y va ! toujours sur la trace des cris de détresse, il entre dans une rue adjacente et parvient enfin près d'un jeune homme qui lui dit avec l'accent du désespoir :

— Les coquins, les misérables, ils m'ont volé et se sont enfuis quand ils ont entendu du bruit. Je vais aller bien vite faire ma déposition : venez avec moi mon brave homme.

— Je ne puis, répondit Pierre-le-Roux, parce qu'il est déjà tard et que ma femme m'attend.

Le jeune homme, tout plein de son sujet, partit aussitôt pour suivre et faire arrêter ses voleurs. A quelques pas de là, notre chiffonnier vit un superbe tas d'ordures, et malgré l'envie qu'il avait de rentrer promptement, il ne put résister à l'appât qui s'offrait à lui, d'autant que sa tournée n'avait pas été merveilleuse. Il se mit à remuer et à choisir en sifflant un air, tout ce qui était à sa convenance. Comme il ramassait ce qu'il avait préparé pour son mannequin, quelque chose de compacte retomba de ses mains : il regarda ce que ce pouvait être et vit un portefeuille vert; il le mit également dans le mannequin, se réservant d'examiner chez lui ce qu'il contenait.

Arrivé à sa porte, il crut entendre des gémissements, il monta les deux étages d'un seul bond, car il avait reconnu la voix de sa femme. C'était bien elle qui, seule et prise des douleurs de l'enfantement, se tordait sur son grabat.

—Attends, ma pauvre Rosalie, dit Pierre-le-Roux en l'embrassant, j' vais t'aller chercher un demi-septier à douze et deux sous de castonnade, cela te soulagera : pendant ce temps allume un brin de feu pour le faire chauffer.

Il redescendit en hâte et courut inutilement la rue Mouffetard; les boutiques étaient toutes fermées. Désolé de ce contre-temps, il se rabattit chez un marchand épicier qui était encore debout et revint avec un poisson de cent sept ans, qu'on lui avait dit être fort bon pour les dames en couches. De retour au logis, les cris de sa femme devinrent si violents que les voisins se mirent aux fenêtres,

Pierre-le-Roux ne savait plus à quel saint se vouer; il pleurait avec sa femme, lui faisait avaler du cent sept ans, et disait aux voisins par sa fenêtre :

— Ah mon Dieu! ma pauvre Rosalie se meurt!

Elle ne mourut pas, mais elle accoucha d'une fille à quatre heures du matin. Une voisine courut chercher une sage-femme qui vint charitablement au secours de l'indigent.

— Ah! ma brave dame, lui dit Pierre-le-Roux presqu'à genoux, sauvez Rosalie! je n'ai point d'argent pour le présent, mais foi d'honnête homme vous ne perdrez rien, et le premier écu de cent sous que je pourrai ramasser sera pour vous.

La bonne sage-femme prodigua ses soins

à Rosalie. Ce qui lui saignait le cœur était l'extrême dénûment de cet intérieur : pas un drap pour emmaillotter le marmot, pas une couverture pour le garantir du froid ; une paillasse, une table et quelques vieilles chaises formaient tout le mobilier.

— Vous gagnez donc bien peu? leur demanda la sage-femme en causant avec eux.

— De 3 à 4 francs par jour, l'un dans l'autre, répondit le chiffonnier.

— Comment, reprit la sage-femme, avec ce revenu vous ne pouvez pas vous donner les choses de première nécessité? Cependant il existe à Paris une foule d'employés qui ne gagnent pas plus que cela et qui pourtant s'entretiennent honorablement.

— Parce qu'ils ont de l'ordre, reprit l'accouchée; si mon homme voulait me croire et suivre mes conseils, nous serions à notre aise; mais il ne veut rien entendre et boit tout ce qu'il gagne. Je suis bien forcée de faire comme lui, puisqu'il ne veut pas faire comme moi.

C'est ainsi que le plus souvent les femmes du peuple ne pouvant ramener leurs maris à la raison finissent par devenir aussi vicieuses qu'eux, si ce n'est davantage.

Le lendemain de l'accouchement, la bonne sage-femme apporta de chez elle quelques effets à l'usage de l'enfant, et se chargea de le présenter à la mairie et à l'église. Elle fut maraine; un pauvre servit de parain. Pierre-le-Roux demanda qu'on donnât à sa fille le nom de Rosalie, parce que, dit-il, j'aime tant mon épouse que son nom me paraît superbe. On suivit son désir, et l'enfant fut baptisée *Joséphine-Rosalie*. Au retour, on fit une espèce de déjeuner, composé de petit-salé, de fromage de Gruyère, de deux litres de vin et d'une petite goutte; après quoi la sage-femme fut remerciée cordialement en attendant qu'on pût effectuer le paiement couvenu.

Les 3 francs épargnés avaient disparu pour le déjeuner; six sous restaient en réserve, destinés à payer *l'ordinaire* obligé, c'est-à-dire la soupe grasse et le bouilli. C'était sacré. Aussi Pierre-le-Roux n'osa y toucher, malgré l'envie terrible qu'il avait de boire encore une goutte. Il est vrai qu'il n'était qu'à la quatrième de la journée. Une inspiration subite lui vint, c'est que son mannequin était au grand complet, puisque depuis la veille il n'avait pas eu le temps de s'en occuper; il courut le vider pour voir ce qu'il contenait. La première chose qui frappa ses regards fut le portefeuille vert; il le prit dans ses mains et sentit en l'ouvrant un certain frisson parcourir ses membres. L'inspection des papiers lui apprit d'abord le nom et l'adresse de celui à qui il appartennait; peut-être eût-il été plus prudent, je dirai même plus honnête de s'en tenir là; mais la curiosité poussant Pierre-le-Roux, il trouva dans un des plis du portefeuille deux billets de Banque, l'un de 1,000 francs, l'autre de 500.

Sa suprise et son émotion furent telles qu'il ne put articuler une parole. Il se trouvait seul; car c'était dans un petit grenier voisin de sa chambre qu'il présidait à l'examen de ses trouvailles. Quelle fortune pour moi! pensa Pierre-le-Roux; avec cette somme, je pourrai acheter à ma femme et à ma fille tout ce qui leur manque et dont elles ont un si pressant besoin. Un rayon de joie se répandit sur sa figure en songeant au bien-être qu'il pourrait procurer aux chers objets de son affection. Tout à coup son visage se rembrunit : une sombre pensée a remplacé cette riante idée; il referme le portefeuille sans procéder à un plus ample examen, vide son mannequin, s'en affuble, regarde doucement dans sa chambre, et voyant dormir paisiblement sa femme et son enfant, il descend rapidement l'escalier comme s'il avait eu peur que quelque chose ne le retînt malgré lui.

Arrivé dans la rue, il se dirige sans parler

à personne vers les ponts, les traverse en courant et parvient au carré Saint-Martin, sans s'être reposé un instant, et ce qui est bien plus étonnant, sans avoir regardé sur sa route un seul débit d'eau-de-vie.

Pierre-le-Roux, couvert de sueur, s'arrête à la porte d'un magasin de nouveautés, il entre dans la boutique en ayant soin de passer de côté afin que son mannequin ne produisît aucun dommage. Un commis étonné de sa visite lui dit poliment :

— Que voulez-vous, mon brave homme?

A l'accent de cette voix, notre chiffonnier regarde attentivement celui qui lui parle, et dit après un moment d'hésitation.

—Ce que je veux? ma foi je crois que c'est

vous; car il me semble bien que je reconnais votre voix. N'étiez-vous pas avant-hier soir dans le faubourg Saint-Marceau, à minuit passé?

— Sans doute, répondit le jeune homme. Seriez-vous par hasard le brave chiffonnier qui vint si généreusement à mon secours, et que je cherchai vainement ensuite pour lui témoigner ma reconnaissance?

— C'est moi-même, dit Pierre-le-Roux; mais, voyez-vous, l'autre soir j'étais pressé, parce que ma femme m'attendait pour accoucher d'une jolie petite fille qu'elle a mise au monde à quatre heures du matin. Mais sans vous commander; revenons au fait. N'avez-vous pas perdu queuque chose dans votre lutte avec les voleurs?

— Hélas! reprit tristement le jeune

homme, ils m'ont pris ma montre et un portefeuille contenant 1,500 francs que j'avais reçus de mon pays dans la journée. J'étais resté à dîner avec mon correspondant qui demeure au Val-de-Grâce; c'est pourquoi je me suis trouvé si tard dans ce partier perdu. Ce qui me fait le plus de peine, continua le commis, c'est que mon père ne manquera pas de croire que c'est un conte que je lui forge et que j'ai employé en plaisirs cette somme destinée à payer des engagements sacrés.

— Pour ce qui est de la montre, reprit Pierre-le-Roux, je crois que vous pouvez en faire vot deuil. N-y-ni, c'est fini, les coquins ne vous la rapporteront pas; quant au portefeuille, c'est différent. Il paraîtrait qu'il leur est échappé lorsqu'ils se sont enfuis puisque je l'ai trouvé et que l'e v'là avec tout ce qu'il contenait.

A ces mots, le jeune homme lui sauta au cou, appela tous les gens du magasin pour le voir, et lui exprima de la manière la plus touchante sa gratitude pour ce trait de probité, louable sans doute dans toutes les positions possibles, mais d'autant plus digne d'admiration chez un pauvre chiffonnier, dont la femme et la fille sont gisantes sur un grabat, dénuées de tout et presque sans pain.

— Si mon père était riche, s'écria le commis, je vous laisserais cette somme toute entière; malheureusement elle ne lui appartient pas, et je ne puis en disposer; car je suis sûr que cela gênerait trop ma famille.

Prenez donc seulement ces 100 francs, mon brave homme; je vous les offre du fond du cœur pour vous témoigner ma reconnaissance.

Pierre-le-Roux ne se fit pas prier; la plus vive satisfaction brillait dans ses regards lorsqu'il rentra chez lui; car il était riche, très riche et sa conscience n'avait rien à lui reprocher. L'homme ne commettrait jamais de mauvaises actions, s'il avait goûté une fois seulement le bonheur ineffable que procure la vertu.

L'argent que Pierre-le-Roux venait de gagner si honorablement servit à soigner sa femme, qui du moins put se procurer quelques douceurs. Son premier soin fut cependant de payer la bonne sage-femme et quelques petites dettes criardes. Le contentement hâta le rétablissement de l'accouchée, lui donna des forces pour remplir la tâche qu'elle s'était imposée, d'abord par misère, ensuite par tendresse, celle d'élever sa fille et de l'allaiter. Dès qu'elle fut entièrement remise, ce qui ne tarda pas, elle consacra tous ses soins à ce pieux devoir; cependant elle s'arrengea de manière à pouvoir encore suivre son mari dans ses courses journalières. Pour cela, elle s'appliqua à ne donner le sein que la nuit et au milieu du jour afin de se réserver le matin et le soir; l'enfant restait endormi et bien collé dans son misérable coin, sans en bouger tant que la mère était absente; mais son instinct ne la trompait pas, ses cris commençaient juste à l'heure où devait rentrer la nourrice. Celle-ci ne se faisait jamais attendre, et le besoin d'alimenter son enfant était chez elle aussi impérieux que possible : l'espoir du gain le plus considérable ne l'aurait pas fait retarder d'un quart d'heure le bien heureux moment qui la réunissait à son enfant, but unique de toutes ses pensées, de toutes ses espérances. Quand elle tenait sur son sein ce petit être charmant, qui la connaissait, lui souriait, la caressait avec ses petites mains, la femme le Roux n'aurait pas changé son sort contre celui d'une reine.

Son mari n'était pas moins idolâtre de sa fille qu'elle-même, au point que, pendant plusieurs mois, les soins que réclamait la petite Rosalie retinrent et captivèrent tellement notre honnête chiffonnier qu'il devint presque raisonnable; il s'enivra très rarement, ce dont le ménage se ressentit en bien. On put acheter mille petites choses, un peu de linge et certains vêtements nécessaires à l'enfant.

— Vois, disait la femme le Roux à son mari, quand il voulait bien l'écouter, vois comme nous serions heureux si tu consentais à ne plus boire; la paix régnerait toujours entre nous, tu ne manquerais de rien et nous ferions donner un bon état à notre petite fille qui deviendrait le soutien et la joie de nos vieux jours. Il est si fâcheux de n'avoir pas d'état : je le sais bien moi qui n'ai jamais su rien faire. Si j'avais seulement appris à coudre!

— Tu ne serais pas ma femme, répondait Pierre-le-Roux avec humeur: c'est ça que tu veux dire n'est-ce pas? eh bien! moi, je ne donnerais pas mon croc et mon mannequin pour le sceptre du monde de peur de ne t'avoir pas rencontrée.

La mère attendrie, se plaçait avec sa fille sur les genoux de son mari, l'embrassait tendrement et lui disait avec effusion.

— Si tu ne te grisais pas, je ne désirerais rien au monde; mais vois-tu, Pierre, l'eau-de-vie fera notre malheur.

— Allons, femme, répondait celui-ci en la pressant sur son cœur, je ne boirai plus, je te le promets, que trois petits verres par jour; vois si je suis raisonnable.

Effectivement, il était à remarquer que l'ivresse causée par l'eau-de-vie rendait ce brave homme bien plus méchant que celle produite par le vin. Quand il s'était grisé avec la première, ses nerfs éprouvaient un agacement que rien ne pouvait calmer, le sommeil seul le rendait à lui-même, mais le difficile était de le coucher. A force de prières et d'attentions, la femme le Roux était parvenue à lui faire changer en goût pour le vin, son amour pour l'eau-de-vie, et lorsqu'il en buvait au-delà de ses trois petits verres, c'était en cachette. De cette manière, quand il était ivre, ce qui avait lieu presque régulièrement une fois par semaine, sa femme, au risque de quelques soufflets, de quelques coups de poing, venait à bout de le mettre sur son lit, où il s'endormait. Elle en était quitte pour passer la nuit sur une chaise tenant sur ses genoux sa fille, son trésor, qui la consolait de tous les chagrins attachés à sa position.

Au milieu de ce cloaque infect, entourée de toutes les privations possibles, manquant souvent du stricte nécessaire, la petite Rosalie croissait belle et fraîche comme un vrai champignon sur un tas de fumier. Elle avait à peine atteint sa quatrième année qu'elle suivait son père et sa mère dans leur excursion matinale : ils la plaçaient toute endormie dans le fond du mannequin de la tendre mère qui, plus légère avec ce doux poids, traversait tout Paris en se glorifiant. Le soir l'enfant restait enfermé sans se plaindre. Lorsque sa mère pensait à la débarbouiller tout le monde l'admirait, et quelquefois même on devinait sa jolie physionomie à travers la saleté qui couvrait son visage. Mais ce qui se montrait toujours en elle, c'était son charmant caractère : douce et craintive, un geste, un simple signe la faisait obéir; la reconnaissance la plus vive animait son regard lorsqu'on lui offrait la moindre bagatelle ou que seulement on avait l'air de s'occuper d'elle. Chacun l'aimait, la caressait et plaignait son sort. Vingt fois on fit à Pierre-le-Roux et à sa femme la proposition d'adopter Rosalie; mais ils l'aimaient trop pour s'en séparer.

Cependant, l'enfant ayant six ans accomplis, quelqu'un conseilla à ses parents de la mettre à l'école des sœurs, en leur faisant envisager l'avantage immense qui en résulterait pour la petite. Ils eurent un peu de peine à y consentir; enfin ils s'y décidèrent, et à peine Rosalie fut-elle à cette école que sa rare intelligence fut remarquée. Son application et sa douceur lui gagnèrent l'affection de ses maîtresses, qui s'occupèrent d'elle d'une manière toute particulière, de sorte qu'en peu de temps elle apprit à lire, écrire, compter et coudre. On s'occupa ensuite de sa première communion : elle fit avec succès les études qui y sont relatives et fut reçue à la sainte table à dix ans. C'était presque un ange que cette jeune fille : pas une mauvaise pensée ne s'était encore glissée dans ce cœur si pur, et lorsqu'elle s'agenouillait devant le confessionnal, il lui fallait un grand effort d'esprit pour trouver quelques péchés à révéler.

Si la petite Rosalie mit autant de zèle et d'aptitude à ses travaux chez les sœurs, c'est que de bonne heure elle avait entrevu tout ce que son avenir avait d'effrayant. D'un caractère naturellement sérieux et réfléchi, elle songeait sans cesse à ce qu'elle pourrait faire pour se soustraire à un intérieur qui révoltait sa jeune ame. Les scènes dont elle était témoin entre son père et sa mère, les violences qui s'ensuivaient presque toujours, bouleversaient le moral de cette malheureuse enfant. Blottie dans un coin du grenier ou de la chambre, elle ressentait le contrecoup des brutalités qu'elle voyait exercer et les douleurs de sa pauvre mère retombaient toutes sur son cœur.

Quand l'orage était calmé, la jeune Rosalie faisait mille projets pour s'abriter à l'avenir de ce spectacle affreux. Elle voulait s'enfuir, se jeter aux pieds de son confesseur, le supplier de la sauver en la plaçant quelque part. Mais lorsque le matin sa tendre mère l'embrassait en lui disant :

— Chère enfant, je n'ai que toi dans le monde; tu es ma vie, mon bonheur, sans toi, je voudrais mourir...

Alors Rosalie désarmée jurait en elle-même de ne pas abandonner sa mère et de travailler pour elle. La pauvre petite rassérénait son visage de son mieux et cachait à tout le monde les tristes secrets de sa malheureuse vie.

Le pieux devoir que venait d'accomplir Rosalie avait considérablement développé son moral; et bien que d'une extrême jeunesse, elle possédait une raison peu commune. Après avoir passé quelques nuits à réfléchir, elle forma un projet qu'elle mit de suite à exécution. Le dimanche en sortant de la messe, elle s'approcha de la sœur principale de son école et lui demanda quelques instants d'entretien. Alors elle lui dit avec cette sensibilité qui lui gagnait tous les cœurs.

— Vous avez toujours été si bonne pour moi, ma sœur, que cela m'encourage à m'adresser à vous aujourd'hui. Grâce à vos bons soins, je sais lire, écrire, compter et faire différents travaux de femme. Maintenant, je voudrais apprendre un état qui pût me suffire un jour, afin de n'être pas à charge à mes parents.

— Rien n'est plus facile, répondit la bonne sœur; j'y songerai.

Peu de temps après, cette digne femme, toujours occupée de ceux que la misère mettait sous sa protection, dit à Rosalie qu'elle avait trouvé une maîtresse brodeuse qui consentait à lui apprendre son état, à la nourrir et à la loger dès à présent, moyennant quatre années de son temps. Il ne fallut rien moins que l'espèce d'autorité qu'exercent ces saintes femmes sur l'esprit du peuple pour faire adhérer Pierre-le-Roux à cet arrangement, qui fut conclu au grand contentement de la jeune Rosalie. De cette façon elle ne vit plus ses père et mère que les dimanches et les fêtes.

Malheureusement c'étaient les mauvais jours, et la pauvre petite etait encore présente de temps en temps à de violentes scènes qui bouleversaient son moral et altéraient visiblement son physique frêle et dédélicat.

Sa maîtresse d'apprentissage avait conçu pour elle la plus tendre affection ; mais elle ne pouvait rien changer à son sort ; car si Pierre-le-Roux n'avait pas vu chez lui sa fille le dimanche à huit heures du matin, il serait allé la chercher à neuf. Tout ce qu'on put obtenir de lui fut de la reconduire le dimanche soir chez sa maîtresse : elle n'en dut pas moins souffrir pendant le jour ce qu'il plut à son père de lui faire endurer. Sa tendresse même était pour la jeune fille une sorte de supplice, puisque, tout fier de sa beauté qui devenait chaque jour plus remarquable, il la promenait partout et la faisait entrer chez dix ou douze marchands de vins en société de gens de son espèce.

Que de fois la pauvre Rosalie regretta que le hasard ou plutôt les bienfaits de notre civilisation l'eussent tirée de la fange où le sort l'avait fait naître! Si j'étais déguenillée comme mon père, pensait-elle en elle-même, si j'avais son langage, ses mœurs, je ne rougirais pas de lui; car c'est un honnête homme que mon père, et pourtant il ne m'inspire que du dégoût.

A mesure que Rosalie avançait en âge, la honte involontaire qu'elle éprouvait à la vue de ses parents ne faisait que s'accroître. Lorsque son père venait la voir chez sa maîtresse d'apprentissage, elle en était malade. Il est vrai que le costume et l'équipage de Pierre-le-Roux prêtait à rire, ce que ne manquaient pas de faire les malicieuses compagnes de Rosalie, lesquelles étaient fort aises de pouvoir humilier celle qui les surpassait en talent, en douceur et surtout en beauté. Elles chuchottaient entre elles et regardaient en riant la pauvre Rosalie, qui n'osant lever les yeux, pleurait amèrement.

Une autre épreuve, plus rude encore, l'attendait le dimanche, c'était la nécessité de suivre ses parents à la promenade le jour, à la guinguette le soir. Rosalie, entre son père et sa mère, marchait la tête baissée, comme si tous les passants eussent dû la regarder. Aussi la regardait-on avec étonnement; car c'était une grande anomalie que cette jeune fille au visage virginal, à la taille de Sylphide, plus remarquable encore par la modestie de son maintien que par sa beauté, qui pourtant est parfaite, au milieu d'une foule joyeuse et turbulante composée de chiffonniers, de marchands de peaux de lapin et d'ouvriers de tout genre. Le bruit des chants, la gaîté, la licence accroissent encore la tristesse de Rosalie qui compte les heures, les minutes, les secondes et désire ardemment la fin de la journée. Son père se fâche par fois contre elle lorsqu'elle refuse de danser avec quelque camarade. Tu es bien fière avec les amis, qui à coup sûr te valent bien, dit-il avec humeur. — Je ne sais pas danser, mon père, balbutie alors la timide enfant, et sa mère la soutient; car elle devine sa pensée.

. . . .

Cependant Rosalie approche de ses quatorze ans; plus grande qu'on ne l'est à cet âge, elle fixe déjà tous les regards. Son père, qui s'en aperçoit, se rengorge. La femme le Roux a soin de placer Rosalie entre elle et son mari afin que personne ne s'en approche trop. Pour la jeune fille, elle frémit d'horreur à cette découverte et supplie sa mère d'obtenir qu'elle ne les accompagne plus dans ces lieux de plaisir et de débauche.

Pendant quelques semaines, et sous différents prétextes, les deux femmes trouvèrent le moyen d'en imposer à Pierre-le-Roux pour l'empêcher de sortir le dimanche; mais un jour de fête publique, notre chiffonnier, se sentant possesseur d'un peu d'argent, rêva une bonne journée : il déclara donc qu'il voulait s'en donner; puis il intima l'ordre à sa femme et à sa fille de s'apprêter pour sortir pendant qu'il allait se faire *accommoder*. A cette injonction, la triste Rosalie fondit en larmes; l'idée de traverser tout Paris au bras de son père, qui se croyait endimanché parce qu'il se faisait raser et mettait une chemise blanche, l'effraya tellement qu'elle ne put se contenir et déclara formellement à sa mère que son père la tuerait plutôt que de l'entraîner à cette funeste fête. La femme le Roux ne sachant que faire et prévoyant un terrible orage voulut au moins être seule à l'essuyer.

— Pars, dit-elle à sa fille, retourne chez ta maîtresse, j'irai bientôt te dire ce qui se sera passé.

Rosalie s'enfuit à toutes jambes; la crainte de rencontrer son père lui donnait des ailes. La journée pourtant parut bien longue à la jeune fille : elle espérait toujours voir arriver sa mère. Vers six heures du soir, ne pouvant plus tenir à son impatience, elle se hasarda à aller elle-même savoir des nouvelles.

Rosalie resta quelque temps dans la rue pour voir si quelqu'un sortait de chez son père. N'apercevant personne, elle monta doucement l'escalier. Aucun son ne frappant son oreille, elle crut tout le monde sorti et se disposait à redescendre lorsqu'elle entendit distinctement des sanglots étouffés. A l'instant même une crainte vague s'empare d'elle; elle se précipite vers la porte et s'élance rapidement dans la chambre. Alors un cri persant s'échappe de sa poitrine; car un horrible spectacle s'offre à ses yeux. Sa mère est étendue presque sans vie sur son misérable lit et soutenue par Pierre-le-Roux qui la regarde en sanglottant. Le sang qu'elle perd en abondance par la bouche, la pâleur effrayante de la pauvre femme feraient croire qu'elle est morte, si ses yeux à demi-fermés ne se portaient avec douceur sur son mari qu'elle paraît vouloir consoler.

Rosalie s'est jetée à genoux près de sa mère : elle tient une de ses mains qu'elle couvre de baisers et de larmes et elle demande avec une angoisse toujours croissante ce que cela signifie.

— Hélas! répond en sanglottant Pierre-le-Roux, je l'ai assassinée : vois ce sang qui lui sort par la bouche; elle en mourra et c'est moi, moi qui l'aurai tuée.

— Grand Dieu! s'écria Rosalie, du secours pour ma mère; courez, courez vite lui chercher du secours, un médecin...

Un peu reconforté par la vue de sa fille, dont l'ascendant sur son esprit s'était plus d'une fois révélé, Pierre-le-Roux sortit à l'instant pour tâcher de trouver quelqu'un qui pût soulager sa pauvre femme. Tous ses voisins étaient dehors à cause de la fête; il ne connaissait personne à qui il pût s'adresser dans sa détresse ; enfin il s'avisa d'aller chez le pharmacien du quartier qui vint avec lui voir ce dont il s'agissait. Pendant ce temps Rosalie restée seule près de sa mère la regardait avec anxiété. La malade lui fit signe de s'approcher davantage et lui dit d'une voix à peine intelligible :

— Je vais mourir, ma pauvre Rosalie, bientôt tu n'auras plus de mère, qu'au ciel peut-être! Promets-moi de pardonner ma mort à ton père, promets-moi surtout de ne pas l'abandonner; car je le connais, si tu le quittes aussi, il ne survivra pas à son désespoir. C'est ton père, ma Rosalie; son cœur est bon, prends pitié de lui.

— Ma mère, ma bonne mère, s'écria la jeune fille, en versant un torrent de larmes, je vous jure de me résigner à tout, de consacrer ma vie entière à mon père, trop heureuse si le sacrifice de mon existence rachète mon crime; car c'est moi qui cause votre mort. Sans mon insupportable orgueil, nous serions ensemble à la fête et cet affreux malheur ne serait pas arrivé. Mais Dieu nous prendra en pitié, il vous rendra à notre tendresse. Tenez, j'entends du bruit; on monte l'escalier... Oh mon Dieu! venez à notre aide!..

C'était Pierre-le-Roux, accompagné du pharmacien. Lorsque cet homme vit l'état de la femme le Roux, il remua la tête en signe de mécontentement.

— Il est bien tard, dit-il, cette pauvre femme a un vaisseau brisé dans la poitrine, je doute qu'on puisse la sauver. Cependant je vais envoyer un brancart pour la faire conduire de suite à l'hôpital.

La malade avait entendu ces affligeantes paroles, et lorsque le pharmacien fut parti, elle dit à son mari :

— Mon pauvre Pierre, je vais te quitter, sans doute pour toujours; je t'ai recommandé à notre fille qui me tiendra sa parole, j'en suis sûre. Quant à toi, n'oublies jamais que c'est pour avoir trop bu que tu as perdu une femme qui te chérissait tendrement, une amie qui t'aime encore à l'instant de monrir.

Je te laisse dans notre fille, un grand dédommagement de ma perte; tâche que ta conduite ne t'en prive pas. Et toi, ma Rosalie, pardonne, ah! pardonne ma mort à ton père, comme je la lui pardonne moi-même. Souviens-toi que je meurs consolée, parce que je compte sur la promesse que tu m'as faite.

Une faiblesse empêcha la malade d'en dire davantage; Pierre-le-Roux et sa fille étaient dans un état digne de commisération : tous deux s'accusaient à la fois; les sanglots les suffoquaient; enfin on vint mettre un terme à cette scène déchirante en emportant la pauvre femme qui venait de perdre connaissance depuis quelques instans.

Pierre et sa fille escortèrent le brancart

jusqu'à l'hospice, mais comme il était tard, on ne leur permit pas d'entrer. La nuit se passa dans les larmes, et dès qu'il fit jour, tous deux s'acheminèrent vers l'hôpital de la Pitié. Arrivés là, il leur fallut encore attendre longtemps avant l'ouverture des portes; leur impatience était extrême et pourtant c'était leur dernière heure d'espoir. A peine leur fut-il permis de franchir les grilles qu'ils apprirent que Pierre-le-Roux n'avait plus de femme, que Rosalie n'avait plus de mère! A cette funeste nouvelle, le visage de la jeune fille se couvrit d'une pâleur mortelle et elle perdit connaissance. On la porta à l'air et lorsqu'elle reprit ses sens, son père la tenait sur son cœur, la pressant violemment contre sa poitrine.

— J'ai cru que tu voulais m'abandonner

aussi, lui dit-il, Dieu m'a pourtant assez puni : deux victimes, ce serait trop. Ma fille, ma Rosalie, ne quittes pas ton père, il est si malheureux !

Ces paroles furent douces à l'oreille de la jeune fille : pour la première fois de sa vie, elle trouva du bonheur dans la tendresse de son père.

— Je n'ai plus que vous, mon père, dit-elle en se jetant dans ses bras. Aimez-moi, j'en ai tant besoin. Et ses larmes coulaient sur le sein paternel.

Une profonde tristesse s'empara de Pierre-le-Roux après la mort de sa femme; il passait son temps à pleurer, ne sortait que pour exercer son industrie et restait des jours entiers absorbé dans ses tristes réflexions.

La sensible Rosalie, ayant fini son apprentissage, prit de l'ouvrage chez elle, loua une chambre à côté de celle de son père et résolut de lui tenir fidèle compagnie. Lorsque Pierre-le-Roux rentrait de sa tournée, il trouvait son soupé apprêté par sa fille. A midi son dîner lui était préparé de la même manière; car cette aimable enfant se fit un devoir de veiller scrupuleusement à tous les besoins de son père. Celui-ci donnait à sa fille tout l'argent qu'il retirait de son négoce; de cette façon, la jeune ménagère se trouva bientôt au-dessus de ses affaires. Comme elle travaillait de son côté, sa bourse était assez bien garnie : en peu de temps elle acheta quelques meubles ainsi que des vêtements décents pour son père et pour elle. Aussi, passèrent-ils bientôt pour des richards parmi le peuple chiffonnier.

A quoi cela tenait-il? à presque rien. Depuis la mort de sa femme, Pierre-le-Roux n'avait pas mis le pied dans un cabaret ou dans un débit d'eau-de-vie. Cette affreuse catastrophe avait laissé dans son cœur un remords que rien ne pouvait en extirper : il voyait toujours sa malheureuse compagne prête à rendre le dernier soupir, lui pardonnant généreusement et le priant sur toute chose, de ne plus boire. A cet instant suprême, Pierre-le-Roux s'était juré de renoncer pour toujours à une jouissance qui coûtait la vie à celle qu'il avait tant aimée. Depuis ce jour il avait tenu religieusement son serment; c'est pourquoi la maison prospérait d'une manière si visible.

Rosalie s'attachait singulièrement à son père; il était si changé à son avantage qu'elle le reconnaissait à peine. Doux et prévenant, il se laissait conduire comme un enfant et ne faisait en toute chose que ce qui plaisait à sa fille. Un jour celle-ci lui dit :

— Pourquoi vous tant fatiguer à travailler, mon bon père? vous pourriez, si vous vouliez, gagner davantage en vous donnant moins de peine... Faites comme notre propriétaire, il a commencé comme vous, finissez comme lui : j'ai quelqu'argent d'avance; vous pouvez acheter de vos camarades en détail pour revendre en gros avec un certain bénéfice; de cette façon, vous resterez chez vous et votre pauvre Rosalie ne sera plus inquiète tous les soirs sur ce qui peut vous arriver en route.

Ce conseil parut bon à Pierre-le-Ronx qui

le mit promptement à exécution. Sitôt qu'on sut qu'il pouvait acheter des os, du vieux linge et autres marchandises, il lui en vint plus qu'il ne pouvait en acquérir; car sa bonne foi faisait qu'il payait les choses à leur juste valeur. Pierre-le-Roux ne manquait pas d'intelligence, et, comme nous l'avons dit, sans le vilain défaut qui paralisait toutes ses facultés, il eût été d'une sagacité remarquable. Depuis plus de deux ans, il n'avait bu que de l'eau, aussi était-il dans la plénitude de son bon sens; c'est pourquoi ce qu'il venait d'entreprendre eut un plein succès.

Rosalie, voyant l'extension que pouvait prendre le commerce de son père, renonça à la broderie pour se vouer entièrement aux affaires de la maison; elle tint les livres, fit la correspondance et devint en peu de mois, le meilleur commis que l'on pût avoir. Il fallut louer des magasins, employer des femmes pour trayer et approprier les marchandises. Un vaste établissement fut formé à cet effet rue des Fossés-Saint-Marcel, et Pierre-le-Roux devint décidément chef d'une maison de commerce, créée par l'intelligence et l'économie d'une fille de seize ans.

Pierre-le Roux, malgré la prospérité de ses affaires, n'en était pas plus heureux. Un souvenir amer empoisonnait sa vie, et s'il se livrait à son commerce avec autant d'acharnement, c'était moins par l'appât du gain que pour échapper au remords qui le poursuivait sans relâche. Il semblait que son malin génie, fit naître à chaque instant une circonstance qui lui rappelait son malheur.

La vue de sa fille même était un supplice pour lui; car sa ressemblance avec sa mère, devenait chaque jour plus grande. Sa voix ne pouvait articuler un son qui ne vibrât dans le cœur de Pierre-le-Roux. Il venait regarder celle qui avait parlé, croyant quelquefois que ce n'était qu'une épreuve et qu'on lui rendrait son épouse bien aimée. Alors il éprouvait un sentiment douloureux en admirant la figure divine de Rosalie; il soupirait et disait en lui même :

— La mienne n'était pas si belle!

D'autres fois, en rêvant, il entendait sa femme lui répéter ces mots qu'elle lui avait dit si souvent : « Pierre, l'eau-de-vie fera notre malheur! » Et le pauvre homme jurait de n'en goûter de sa vie. Sa femme lui pardonnait et l'embrassait tendrement; mais, hélas! il se réveillait pour se rappeler la triste vérité, et jurait encore à l'ombre qu'il venait de voir, de ne jamais approcher cette liqueur de ses lèvres.

Il fallait de la vertu pour tenir un pareil serment; surtout dans la nouvelle position de Pierre-le-Roux. On ne fait pas un marché dans ces sortes de négoces, qu'il ne soit scellé au cabaret, cependant notre nouveau commerçant tint ferme et déclara formellement que, pour cause grave de santé, toutes boissons fermentées lui étaient interdites. On voulut d'abord s'égayer à ses dépens, ce qui le fit mettre dans une furieuse colère. Or, comme il était de notoriété publique que la colère de Pierre-le-Roux était à craindre, on finit par le laisser maître de boire de l'eau, d'autant qu'il payait volontiers du vin aux autres. Sa fille, qui connaissait parfaitement ses motifs, lui souriait doucement en disant :

— Mon père a raison, le vin lui fait mal.

Puis elle l'embrassait pour le récompenser du sacrifice qu'il lui faisait.

C'est ainsi que, tout entier à ses affaires, Pierre-le-Roux prospéra d'une manière surprenante; ses relations s'étendirent et sa réputation de probité lui valut la confiance des plus fortes maisons. Car si Pierre-le-Roux achetait avec conscience il vendait de même , ne se réservant qu'un léger bénéfice qui, reproduit sans cesse , fut en effet le noyeau d'une grosse fortune. Son crédit devint immense, et bientôt *la raison de commerce Pierre le-Roux et fille* , car il avait exigé que cette dernière fût son associée de fait, devint de l'argent comptant.

Rosalie, toujours simple et modeste, n'avait changé en rien son état de maison ; sa toilette se composait toujours d'une robe de toile plus ou moins foncée, selon la saison, d'un tablier de soie noire et d'une pélerine couvrant sa taille, sans pourtant en cacher l'élégance; de magnifiques tresses d'un blond clair encadraient son beau front, et descesdaient avec grâce le long de ses joues, dont les nuances admirables eussent désolé le plus habile peintre; lorsqu'elle sortait, un châle de mérinos et un grand chapeau de paille noir ou blanc achevait sa parure, laquelle, sans être brillante, était du meilleur goût ; on eût été fâché de lui voir plus de recherche dans ses vêtements, tant elle paraissait belle sous ce costume. Si elle s'était adjoint une servante, c'est qu'elle avait reconnu que son travail de bureau était plus utile à son père que ce qu'elle faisait précédemment en s'occupant des soins du ménage. Sans la moindre morgue envers les gens qu'elle employait, Rosalie se faisait adorer de tous ceux qui la connaissaient; son père la chérissait au-delà de toute expression : compagne assidue de tous ses travaux, il n'entamait pas une affaire qu'au préalable il ne la lui soumît, et quand Rosalie hésitait, Pierre-le-Roux prenait la négative. Ce fut là, il n'en faut pas douter, la source de ses prospérités ; car les hommes sont en général plus hasardeu xet moins clairvoyants que les femmes, naturellement craintives et défiantes. Mille exemples prouvent la vérité de cette assertion.

Si Rosalie était la modestie même, son père avait au contraire un orgueil incommensurable, immense, non de sa fortune, à laquelle il travaillait sans y attacher d'importance, non des invitations qu'il recevait sans en accepter aucune, non pas même des bénédictions des pauvres, dont il était devenu comme la providence visible; mais bien du trésor que le ciel lui avait confié, de cette fille enfin, sa joie et son idole. Une idée le préoccupait sans cesse, c'était d'établir Rosalie, de lui donner un mari digne d'elle. Pierre-le-Roux se persuadait qu'il n'aurait qu'à le vouloir pour marier sa fille, d'autant plus qu'il pouvait la doter richement. Ce qui le surprenait beaucoup, c'est que personne ne la lui avait encore demandée. Ce brave homme ne voyait pas que marier convenablement Rosalie était une chose très difficile. Aussi avait-elle près de ving-trois ans, et rien encore ne s'était offert à eux sous ce rapport. D'abord, l'origine du chiffonnier enrichi était connue de tout le monde et malgré ce que sa prospérité avait d'honorable, les antécédants n'en froissaient pas moins les amours-propres un peu susceptibles. D'ailleurs, on pouvait estimer Pierre-le-Roux, l'admirer même, quand on connaissait sa vie; mais il était difficile de l'accepter pour beau-père.

Rosalie sentait si bien cela, que depuis longtemps elle avait renoncé à tout espoir à cet égard; d'une trop grande délicatesse de sentiments pour épouser un ouvrier, elle se voua sans réserve au devoir qu'elle s'était imposée et qu'elle remplissait sans regrets; car elle avait pour son père, la tendresse la plus vive. Elle souffrait réellement quand un étranger paraissait, dans la crainte qu'il n'appréciât pas dignement celui dont la rude écorce cachait de si rare qualités. Elle se faisait donc une loi de ne voir personne et de n'aller nulle part.

Pierre-le-Roux, au contraire, aurait voulu montrer sa fille à la terre entière; il avait conservé cela de ses anciennes habitudes. Aussi, lorsqu'il venait chez lui des personnes pour quelques affaires, il trouvait toujours moyen de les conduire à Rosalie, sous différents prétextes.

Un jour, il vint lui dire qu'ils auraient deux étrangers à dîner. La jeune fille ne s'en inquiéta guère; elle avait pour principe de tenir assez honorablement pour qu'un ami de son père ne fût jamais de trop; mais elle ignorait entièrement cet art profond de maîtresse de maison qui veut qu'on fasse toujours au-delà de ses moyens. Sur les six heures du soir, Pierre-le-Roux entra précédé de deux messieurs d'un noble extérieur et se ressemblant tellement, qu'on devinait en les regardant, que s'étaient le père et le fils.

M. Coulommiers père, était propriétaire d'une des plus grandes fabriques de papiers qu'il y eût en France; ses immenses biens situés dans le Nivernais, lui avaient facilité la création d'un magnifique établissement sur les bords de la Nièvre. Il passait pour très riche et faisait depuis deux ans des affaires considérables avec Pierre-le-Roux, qu'il ne connaissait que de réputation. Ce grand industriel était d'une politesse affectée, comme la plupart de nos bons provinciaux qui s'imaginent devenir Parisiens, en singeant les simagrées de la capitale. Vain de sa fortune et des hommages qu'elle lui attirait, il rêve la députation qui, selon lui, ne peut mieux se placer; c'est même pour celà qu'il fait en ce moment un voyage à Paris, afin de se montrer dans les ministères, bien persuadé qu'il suffit de le voir pour bien juger son mérite. Gouflé d'orgueil, il ne parle que de ses terres dont il porte l'évaluation à plus de quinze ou vingt mille arpents, de ses plantations de peupliers, dont le nombre est étourdissant; enfin de sa papeterie à vapeur dont les améliorations sont toutes dues à son rare génie.

Je laisse à penser ce qu'un tel homme

dut faire à côté de la naïve Rosalie, en face du grotesque Pierre-le-Roux! Il ne put même se rattrapper sur la gastronomie dont il fut toujours le zélé partisan. La chère est saine et abondante, mais sans recherche, sans délicatesse et pas une goutte de Champagne pour la faire avaler. Du vin ordinaire, passable il est vrai, un dessert de trois ou quatre plats et point de café, point de Cognac : on n'en servait jamais à la table de Pierre-le-Roux!...

Après avoir causé de quelques transactions personnelles, M. Coulommiers s'en alla en disant à son fils :

— Qui croirait jamais qu'on peut trouver un homme de cette espèce à la tête d'un commerce aussi considérable! Il n'y a que

Paris pour cela. Voici un gaillard qui possède peut-être un demi-million; il est électeur-éligible; je ne serais pas même surpris de le voir un jour député, tandis que malgré mes manières, mon esprit et ma fortune, qui pourtant est beaucoup plus considérable que la sienne, je suis toujours renversé par l'intrigue. C'est affreux en vérité, et sur ce pied-là, je ne sais ce que deviendra le monde : pas grand'chose de bon assurément!... Eh bien! qu'as-tu donc, Eugène, tu ne me répond pas?

— Rien, mon père, dit le jeune homme qui paraissait en effet comme frappé d'une distraction inaccoutumée aux discours plus ou moins lourds de son très honoré papa.

Or, Eugène est un beau garçon de vingt-cinq ans, qui a fait ses études à Paris avec succès et qui, reçu avocat tout nouvellement, se dispose à partir sous peu avec son père pour aller exercer dans son pays cette honorable profession. Son père, tout fier des talents d'un tel fils, le voit bientôt au pinacle devenir un Odilon-Barrot, un Berryer, un Dupin!

Eugène moins ambitieux, fils unique d'un père ridicule, il est vrai, mais d'une grande indulgence pour lui, rêve au contraire la vie de château avec une compagne de son choix; il sait qu'il doit être riche et ne désire que le bonheur; mais il faut frapper juste pour l'atteindre!

Habitant de Paris depuis sept ans, il a cherché vainement celle que son cœur appelle : soit malheur, soit prévention ou préjugé de province, il n'a vu ou cru voir jusque là que des coquettes adroites cherchant à le captiver à cause de sa position financière; il allait donc quitter Paris sans le moindre regret lorsque son père le conduisit chez Pierre-le-Roux. Qu'on se figure sa surprise et son extase devant cette jeune personne que le hasard offrait à ses yeux. Il demeura d'abord comme frappé de stupéfaction; peu à peu il s'habitua à cette perfection de traits, à cette grâce enchanteresse du maintien; mais lorsque Rosalie parla, le son de sa voix résonna si délicieusement à son oreille qu'il en fut saisi jusqu'au fonds de l'ame. Les deux heures qui suivirent se passèrent avec une rapidité désolante, et lorsqu'il fallut la quitter, Rosalie n'était plus une étrangère pour Eugène, mais bien l'être idéal et mystérieux dont l'image l'obsédait sans relâche depuis qu'il se sentait un cœur; le rêve de toute la vie!

— C'est un drôle de corps que ce M. Coulommiers, s'écria Pierre-le-Roux après le départ de ses deux convives : je lui parle *peaux de lapin*, il me répond *peupliers*; j'entame les chiffons, qui sont sa partie, il m'étourdit de sa candidature, et puis avec cela, il vous a un air de protection qui me déplaît considérablement; il vous appelle toujours *mon cher* et vous offre à tout bout de champ sa protection quand il sera député. Qui donc a besoin de lui? c'est plutôt moi qui l'oblige, puisque je me suis chargé de rembourser ici tout le papier signé par lui. Il est vrai qu'il me paye l'escompte; mais cela n'empêche pas que s'il m'ennuie par trop de son importance, je l'enverrai promener.

— Ne vous fâchez pas ainsi, mon père, reprit vivement Rosalie, chacun a son caractère, et puisque cette maison est solide vous auriez tort de vous priver des bénéfices que vous faites avec elle.

— Tu as toujours raison, mon enfant, reprit Pierre-le-Roux en embrassant sa fille; ainsi n'en parlons plus.

Rosalie se mit à son bureau pour achever des comptes dont son père avait besoin; elle resta sur pieds fort tard pour finir ce travail, qui cependant n'était pas très long.

— Je ne puis en venir à bout, dit-elle en se levant avec un petit mouvement d'impatience.

Il y avait effectivement plusieurs erreurs dans son bordereau.

— Demain il fera jour, dit en bâillant Pierre-le-Roux, je vais me coucher, car je tombe de sommeil et je t'engage à en aller faire autant.

Je ne sais si elle suivit son conseil; ce qu'il y a de sûr, c'est que le lendemain la pauvre Rosalie avait l'air abattu d'une personne qui a mal dormi.

Sur les midi, Pierre-le-Roux et sa fille étaient à déjeuner selon leur habitude, quand Eugène se présenta devant eux. Rosalie ne parut pas surprise, il semblait qu'elle se fût attendue à cette visite, seulement un vif incarnat se répandit sur ses joues tant soit peu décolorées. Eugène expliqua tant bien que mal le motif de son apparition, et Pierre-le-Roux s'en contenta, car il n'était pas expert en matière de sentiment, et quelqu'un l'ayant appelé, il disparut et ne revint pas de trois ou quatre heures. La première personne qu'il vit en rentrant fut Eugène.

— Oh! mon Dieu, dit le brave homme, je vous avais complètement oublié; mais ma fille aurait pu vous donner le renseignement que vous me demandez; c'est elle qui passe tous les marchés; il ne fallait que chercher dans ses livres pour retrouver les conditions de la dernière vente.

— Cela ne fait rien, répondit Eugène en prenant son chapeau; je reviendrai demain.

Ce qu'il ne manqua pas de faire, ainsi que

les jours suivants, pendant plus de trois semaines. On était sûr de voir passer, au moins une fois dans la journée, notre jeune avocat dans la rue des Fossés Saint-Marcel; arrivé là, il entrait chez Pierre-le-Roux, où il restait le plus de temps possible, puis quelques heures après il s'en allait lentement, en regardant souvent derrière lui : une seule fenêtre donnant sur la rue dans ladite maison, laissait apercevoir comme une ombre légère qui s'évanouissait dès que le jeune avocat avait dépassé le tournant de la rue.

Malgré le peu de sagacité de Pierre-le-Roux, il trouva cependant que les visites d'Eugène étaient bien fréquentes. Loin de s'en alarmer, il vit dans ce jeune homme un gendre qui lui conviendrait à merveille, d'autant que le malicieux avocat, écoutait toujours avec une patience infinie, le compte rendu des opérations du maître chiffonnier, dont c'était la marotte; il ne s'épargnait ni le détail, ni la vue, ni l'odeur des diverses marchandises : certain qu'un doux sourire le récompenserait de sa complaisance.

— Comment trouves-tu Coulommiers fils? demanda un jour Pierre-le-Roux à sa fille.

Une vive rougeur couvrit le front de Rosalie, qui répondit d'une voix mal assurée :

— Bien, mon père...

— J'en suis fort aise; car mon projet est de te marier avec lui.

A cette brusque déclaration, la jeune fille fondit en larmes.

— Ah! mon père, reprit-elle douloureusement, cela n'est pas possible...

— Qui t'a dit cela, ajouta Pierre-le-Roux d'un ton courroucé, n'est-tu pas belle, sage et riche ? je voudrais bien savoir qui pourrait s'opposer à ton union avec un jeune homme qui t'aime joliment va, je m'y connais.

— Son père, dit Rosalie; Eugène a fait près de lui des efforts inouis, mais il n'a voulu rien entendre et dans huit jours, il enmène son fils que je ne verrai peut-être de ma vie.

En prononçant ces dernières paroles, ses larmes coulaient de nouveau.

— Sois tranquille, ma bonne Rosalie, j'y parlerai à ce particulier-là, et j'y demanderai pourquoi qu'il te refuse. Si c'est parce qu'il ne te croit pas assez riche pour son fils, nous verrons ça ensemble; je ramasserai tout ce que je possède et je m'engage encore à y donner ce que je gagnerai pendant dix ans, à condition que je serai du monde, ben entendu; d'ailleurs, le bon Dieu me prêtera des forces afin d'assurer ton bonheur; car, vois-tu, depuis la catastrophe que tu sais, je suis bien malheurenx; il n'y a que ta tendresse qui m'ait soutenu, et de par tous les démons de l'enfer et les anges du paradis, il ne sera pas dit que je ne te rendrai pas un peu du bien que tu m'as fait.

— Mon bon père, dit Rosalie en essuyant avec son mouchoir les pleurs que répandait Pierre-le-Roux, pourquoi faut-il que la société exige plus que de l'honneur et de la probité? pourquoi tout le monde ne vous voit-il pas avec les mêmes yeux que votre fille?

Le lendemain de cette conversation, Pierre-le-Roux se présenta rue de Richelieu à l'hôtel qu'habitait M. Coulommiers; il le trouva seul.

— Je suis bien aise de vous voir, commença l'important provincial; car j'avais à vous parler d'une affaire des plus majeures et dans laquelle j'ai besoin d'être aidé.

— Je ne demande pas mieux de vous être utile, répondit Pierre-le-Roux, ainsi je suis prêt à vous entendre chez moi, en présence de ma fille qui est mon associée; car ce n'est que là que je m'occupe d'affaires. Mais je suis venu pour autre chose et faites-moi le plaisir de me prêter un moment d'attention; je ne serai pas long. Voici de quoi qu'il s'agit: vous avez un fils qui me paraît un gentit garçon; j'ai une fille qui, sans la flatter, est une perle : vot fils aime ma fille qui, je crois, le voit d'un assez bon œil ; par ainsi, je pense que nous n'avons rien de mieux à faire que de les marier.

Pendant ce discours, la figure du puissant industriel s'était enflée de moitié.

— Vous êtes fou, mon cher : y pensez-vous, dit-il, en se promenant dans sa chambre... Qui, moi? dans ma position, près de devenir le représentant de mon endroit! que j'aille m'allier à la famille de.... Allons donc, c'est impossible! J'ai dit à mon écervelé de fils ce que je pensais à cet égard, et je m'étonne que l'on ose encore me faire une semblable proposition.

— Impossible! pourquoi? reprit Pierr-le-

Roux avec fermeté, notre famille vous fait peur, rassurez-vous, nous n'en avons pas : je suis bâtard. Est-ce mon état qui vous fait honte? je le quitterai; ma fille une fois établie, je n'ai plus besoin de rien et pourvu que de temps en temps, il me soit permis de voir en secret et d'embrasser mon enfant, je ne désire plus rien sur la terre.

— Encore une fois, reprit M. Coulommiers, c'est impossible!!!

— Ne me dites pas ça, dit Pierre-le-Roux, vous me réduiriez au désespoir. Vous ne savez pas que ma Rosalie pleure, elle que je voudrais entourer de toutes les joies de la terre, vous ne savez pas que je ne vis que pour cet enfant, depuis qu'un malheur affreux, malheur irréparable, et dont le souvenir pèse à tout jamais sur mon cœur, m'enleva sa mère. Oh! par pitié ne faites pas ce chagrin à ma fille chérie; qu'elle ne maudisse pas son père; qu'il ne soit pas toujours la cause de tous ses maux!..

En disant ces paroles, Pierre-le-Roux s'était prosterné aux genoux du riche provincial qui lui répondit froidement :

— Ce que vous me demandez, mon cher, est impossible..... Dieudonné-Amable Coulommiers, candidat ministériel pour la députation de son département, ne peut marier son fils unique à la fille d'un chiffonnier.

Pierre-le-Roux se leva et sortit sans articuler un mot. Sa tête était en feu, une sueur froide inondait son visage, une soif ardente le dévorait. Il entra dans un café, demanda de l'eau sucrée et demeura à réfléchir, immobile comme une statue :

— Pauvre enfant, se prit-il tout-à-coup à dire presque haut ; il faut que tu sois à jamais malheureuse parce que tu es ma fille ! ta vertu, ta beauté, ta richesse même, ne peuvent te faire trouver grâce devant cette cruelle société. C'est pour toi une tache ineffaçable que d'être la fille de Pierre-le-Rroux, qui cependant, possède et mérite l'estime générale. Ah ! monde injuste, monde impitoyable, je te hais... je te maudis !...

La tête de Pierre-le-Roux se montait de plus en plus. Sa soif augmentant toujours, il demanda quelque chose de plus désaltérant que l'eau. On lui apporta du rhum qu'il mêla à son eau; sans s'en apercevoir, il en mit une trop grande quantité, surtout pour lui qui depuis sept ans, n'avait pas goûté d'une seule liqueur. Sa tête déjà montée se perdit entièrement; toujours conduit par son idée fixe, il retourna chez M. Coulommiers qu'il rencontra sur son escalier. A la vue de cet homme, la fureur de Pierre-le-Roux étant à son comble, il s'élança sur lui, le terrassa et l'aurait infailliblement étranglé, si les gens de la maison ne fussent venus à son secours. On eut toute les peines du monde à se rendre maître de ce furieux. La garde étant arrivée sur les lieux, on l'enmena en prison où il fut mis au secret.

Pendant ce temps, Eugène et Rosalie causaient paisiblement de leur tendresse : le jeune homme protestait que jamais il ne se marierait s'il ne pouvait la nommer sa femme, quand bien même son père devrait le deshériter; Rosalie jurait, à son tour, de rester fille toute sa vie plutôt que d'appartenir à un autre qu'à Eugène. Les heures passaient vite dans ce doux entretien et la fin de la journée approchait sans qu'ils s'en aperçussent, lorsqu'un message pressant fut remis à Rosalie. Elle l'ouvrit avec inquiétude et s'écria presque aussitôt :

— Dieu! mon père en prison!... Eugène si vous m'aimez, sauvez mon père.

Tous deux volèrent à la préfecture de police. Là ils apprirent que celui qu'ils réclamaient était malade et qu'on ne pouvait le voir que le lendemain à cause de son état qui présentait quelques symptômes d'aliénation mentale. Encore il faudra, dit-on à Rosalie, vous munir d'une permission ; car la position du prévenu s'est singulièrement aggravée : on ne l'a conduit ici que sous la prévention de rebellion à la force armée. Maintenant il paraît qu'il a tué sa femme, ce qui complique singulièrement son affaire. A cette affreuse nouvelle, la pauvre Rosalie devina que quelque chose qu'elle ignorait avait rouvert les plaies mal guéries de l'infortuné Pierre-le-Roux et partit désespérée en se recommandant à l'affection et au talent d'Eugène pour défendre son père. Chemin faisant, elle confia à ce jeune homme toutes les particularités de sa vie, ce qui accrut encore son amour pour elle. Il ne pouvait assez admirer sa conduite à l'égard de ses parents et sa supériorité de vues qui, au milieu de tant d'éléments contraires, en avait fait un être si remarquable. Il la quitta plus épris que jamais en jurant de nouveau qu'elle serait sa femme quoiqu'il arrivât.

Le lendemain de grand matin, Eugène vint chercher Rosalie. Celle-ci lui trouva l'air bien triste.

— Sauriez-vous quelque chose de nouveau? lui demanda-t-elle avec anxiété, ne me cachez rien je suis courageuse et j'ai l'habitude de souffrir.

Eugène alors lui raconta ce qui s'était passé entre son père et Pierre-le-Roux; il ajouta que son père, exaspéré, ne voulait plus entendre parler de cela et qu'il lui avait défendu de penser à ce mariage, sous peine d'encourir sa malédiction.

— Cela ne fait rien, ajouta Eugène, mon

parti est pris; j'ai vingt-six ans, je sais ce que je ferai.

Rosalie prit la main d'Eugène et lui dit avec douceur :

— Mon ami, vous êtes ma première, mon unique affection. Ce cœur que je vous ai voué n'appartiendra jamais à un autre; mais je jure par ce même amour que je ne serai votre femme que si votre père y consent. Je ne connais pas d'âge où l'on puisse enfreindre les ordres de ses parents. Maintenant occupons-nous de mon père; que je vous doive sa délivrance, et ce service essentiel sera un lien de plus entre nous,

Eugène voulut répliquer, la jeune fille mit son doigt sur sa bouche et l'entraîna.

Ils marchèrent en silence et parvinrent

promptement à la préfecture de police. Arrivés au dépôt, ils éprouvèrent de grandes difficultés pour voir Pierre-le-Roux, et sans la tenacité de Rosalie et quelques connaissances que trouva Eugène, ils n'auraient pu pénétrer jusqu'à lui. Lorsqu'ils entrèrent dans la prison, Pierre-le-Roux était sur son séant, répondant aux questions que lui faisait un médecin appelé pour juger de son état mental. Une camisole de force l'empêchait de faire un mouvement; ses yeux étaient égarés, ses cheveux en désordre et sa figure couverte de contusions qu'il s'était faites en se défendant.

— Mon père, s'écria Rosalie en se jetant à son cou, pourquoi m'avez-vous quittée? ne reconnaissez-vous pas votre Rosalie, votre fille?

— Qui parle de ma fille? dit Pierre-le-Roux en regardant avec effroi; cachez-moi, qu'elle ne puisse me voir, la pauvre petite en mourrait. Moi qui lui ai juré si souvent que je ne boirais plus! Oh! je vous en supplie, ne lui lui dites pas que je suis ivre. Tenez, ajouta-t-il en montrant sa tête, cela me tient là; c'est comme du feu qui ensuite coule dans mes veines.

Il s'arrêta un moment, puis reprenant :

— J'ai soif! par pitié donnez-moi à boire; mais surtout point d'eau-de-vie, cela fait du mal... on en meurt!..

Rosalie se mit à genoux près du lit de son père. L'émotion qu'elle éprouvait ne peut se décrire : elle aurait donné sa vie pour rendre la raison à ce père bien-aimé. Ses sanglots la suffoquaient.

— Tu pleures, lui dit son père en se penchant vers elle; ton ame est donc sensible? tiens, regarde..... là : ce corps sanglant;.... c'est celui de ma femme;..... c'est moi qui l'ai tuée... Vois comme son sourire est doux, elle me pardonne et me recommande à sa fille, notre chère Rosalie, et moi aussi je dois vivre pour elle et veiller à son bonheur!... son bonheur! en est-il pour la fille d'un chiffonnier!... Un chiffonnier! tout le monde le repousse et l'injurie; on ne veut pas s'allier à lui, pourquoi?

Ici Pierre-le-Roux parut réfléchir, puis il s'écria dans un nouvel accès de fureur :

— Pourquoi?... Parce qu'il boit, parce qu'il s'ennivre, parce qu'il a tué sa femme!

Une violente convulsion succéda à ces

paroles. Rosalie, au désespoir, supplia le médecin d'administrer à son père tous les secours possibles, ce qu'il fit avec l'intérêt qu'inspirait la position de cet infortuné. Une large saignée, puis une potion calmante apaisèrent enfin cet accès de fièvre chaude; le délire disparut et le malade tomba dans un profond assoupissement.

— Mon père est sauvé, dit Rosalie, en serrant avec reconnaissance les mains du docteur, il dort.

Le médecin reprit avec tristesse:

— Hélas! mademoiselle, je n'ose m'en flatter!...

— Oh! je connais mon père, reprit Rosalie, dès qu'il a dormi, il est guéri...

— Dieu le veuille! ajouta le médecin, d'un accent dubitatif.

Et tous attendirent, avec anxiété le résultat de ce sommeil léthargique.

Rosalie s'aperçut alors qu'Eugène avait disparu. Sûre de son affection, elle ne douta pas que son absence ne fût relative à l'élargissement de son père et s'en reposa entièrement sur son amant pour tout ce qui avait rapport à sa mise en liberté. Le sommeil de Pierre-le-Roux devint tout-à-coup très agité. Il paraissait alors préoccupé d'une vision qui lui causait à la fois de l'effroi et de l'attendrissement. Pendant que le digne médecin suivait avec une attention imperturbable les crises du malade, un bruit sourd se fit entendre; peu à peu, ce bruit s'accrut sensiblement; une certaine rumeur, toujours plus accentuée, partait de la cour pour se répandre dans les corridors; enfin des cris, mille fois répétés, retentirent jusqu'au cœur de Rosalie :

Pierre-le-Roux! Pierre-le-Roux! nous voulons voir Pierre-le-Roux, qu'on nous le rende, mort ou vif, c'est notre camarade, notre père, il nous faut Pierre-le-Roux!....

Les clameurs augmentèrent d'intencité, tellement qu'elles réveillèrent le malade.

— Qu'entends-je, dit-il, avec un reste d'effervescence, mais avec un signe non équivoque du retour de la raison, qu'entends-je? c'est bien les voix de mes amis? ce sont eux, ils m'appellent!

En disant cela, Pierre-le-Roux s'élança de son lit avec une telle rapidité que, ni sa fille, ni les gardiens ne purent le prévenir. En même temps, la porte s'ouvrit à deux battants et le malade fut incontinent entouré de chiffonniers qui tous voulaient le voir, l'embrasser ! Le nombre croissait comme les flots d'un fleuve qui déborde : femmes, enfants, vieillards, se poussaient, se culbutaient à l'envi, pour apercevoir au moins celui qu'ils appelaient leur ami, leur soutien, leur père!... L'un racontait que ce brave homme l'avait nourri tout un hiver;.. l'autre qu'il avait habillé ses enfants pour leur première communion;... celui-ci qu'il en recevait deux pains par semaine;... cet autre, qu'il avait payé son loyer plus de dix fois, et tous que cet homme achetait leurs marchandises à un taux qui ne s'était jamais vu !

— Que deviendrons-nous si nous le perdons ? qui nous consolera dans nos chagrins ? qui nous aidera dans notre misère ?...

— Cet homme était donc un ange ? demanda le docteur à Rosalie.

— Oui monsieur, répondit-elle, mais personne ne le savait que les pauvres et moi.

On avait replacé Pierre-le-Roux sur son lit. Une potion lui fut administrée de nouveau, ce qui lui rendit quelque force. Il leva la tête, prit la main de sa fille et lui dit :

— Ah ! te voila, ma Rosalie ; je rêvais que tu étais morte et que réunie à ta pauvre mère, vous me tendiez les bras ; je faisais tous mes efforts pour vous atteindre, mais un homme se mettait entre nous. La colère me gagnait quand je me suis éveillé.

Il leva ensuite la tête et vit distinctement tous ceux qui encombraient sa chambre :

— Vous voilà, vous autres, je suis bien aise de vous voir avant de mourir; car je le sens, je vais mourir.

Il s'arrêta un moment, puis s'adressant au docteur :

— Pourriez-vous, dit-il, faire venir un prêtre; j'ai besoin de faire une entière confession de mes fautes et je ne serai pas fâché que tous ces braves gens y assistent; trop heureux, si ma mort peut leur être utile, en leur prouvant que la tempérance est le premier des biens.

A l'instant on fit venir l'aumônier de la maison. Lorsqu'il parut, Pierre-le-Roux se signa, recueillit toutes ses idées et prit la parole au milieu du plus profond silence.

— Il n'a dépendu que de moi d'être heureux, dit-il, et cependant je meurs dans la force de l'âge, maître d'une belle fortune et père de la plus charmante créature qui existe. Jeune, sans parents, livré à la débauche je ne croyais à rien. Naturellement honnête, le libertinage me dégoûta et je me livrai sans réserve à la boisson. Le hasard me procura une compagne douce et sage, je la chérissais tendrement, cependant je ne pus lui sacrifier le vice fatal qui devait m'en priver un jour; bien loin de là, j'eus l'infamie de le lui faire contracter et je m'en réjouissais croyant que nous serions plus d'accord. Je me trompais : nos désordres alors ne connurent plus de frein. Un gage de notre union ne put nous contenir; le mauvais exemple qu'elle vit sous ses yeux la rendit vertueuse : Honneur! mille fois honneur à ceux qui l'ont conduite et dirigée dans la route du bien! Un jour je voulus user, envers cette fille bien aimée, d'une rigueur que je croyais juste, en la forçant de m'accompagner dans des lieux immondes. La mère voulut s'y opposer et et soutenir sa fille : notre querelle dura tout le jour; nous bûmes tous deux et le soir une lutte violente, résultat de notre exaspération, eut lieu entre nous. Hors de moi-même, je me le rappelle comme si j'y étais, je m'élançai sur ma malheureuse épouse; au milieu des coups que je lui portai, il s'en rencontra un qui frappa sa poitrine; elle tomba sur le pavé et le sang jaillissant avec force m'apprit que j'étais le meurtrier de celle qui partageait si patiemment mes maux et ma misère! Mes yeux alors furent désillés. Je me vis avec horreur et je fis serment, devant ma victime qui m'y exhortait en me pardonnant, de ne jamais me remettre dans le cas de commettre de nouveaux crimes. J'ai tenu ma promesse religieusement. Dieu, sous les traits de ma fille, a secondé mes efforts; le succès a couronné toutes mes entreprises et j'ai goûté la joie ineffable de pouvoir secourir mon prochain. Vous le voyez, mes amis, vous tous qui m'entendez, n'oubliez pas que, si je vous fus utile quelquefois, si je jouis aujourd'hui de votre estime et de vos regrets, je le dois à la résolution qu'une grande leçon me fit prendre et que j'eus pendant huit ans le courage de tenir, sans jamais y manquer. Hier, oui, je crois que c'est hier, dit Pierre-le Roux, après une petite pause, je voulus forcer un homme à aimer, à adopter ma Rosalie pour sa fille; il s'y refusa, il en avait le droit; car il ne la connaît pas; sans cela il serait fier du présent que je prétendais lui faire; cet homme me repoussa, peut-être un peu durement, oubliant alors mes serments, je m'ennivrai pour me porter envers lui à des violences que rien n'excuse!... Hélas! que n'est-il là pour recevoir l'expression de mes regrets.

A ces mots, deux hommes se firent jour à travers la foule.

— J'y suis, dit le plus âgé des deux; mais c'est pour vous demander moi-même pardon de ma brutalité. Je vous ai méconnu et je m'en repens : la vertu et l'honneur doivent s'encenser partout où ils se rencontrent. Vivez mon cher le Roux pour être mon meilleur ami et pour devenir le père de mon Eugène, qui ne peut assez exprimer l'admiration qne vous lui inspirez.

— Merci! dit Pierre-le-Roux, vos paroles me font un bien que je ne puis exprimer dignement. Je laisserai donc à ma Rosalie une famille, un mari! Ah! je puis mourir!..

Des larmes inondèrent le visage de Pierre-le-Roux, puis une vive rougeur couvrit son front; ses yeux se fermèrent. Le médecin tâta son pouls et lui défendit expressément de parler. Car sa faiblesse devenait extrême.

Eugène et Rosalie suivaient les moindres mouvements du malade, tout-à-coup, il ouvrit les yeux et dit avec effusion :

— Adieu mes amis, adieu ma fille, je meurs en vous bénissant. Souvenez-vous.....

Il ne put achever ce qu'il voulait dire et tomba en défaillance. Rosalie tenait sur son sein cette tête chérie; elle tâchait de lui faire avaler quelques gouttes de fleur d'orange, lorsqu'une mousse blanche sortit de la bouche du malade : effrayée de ce symptôme, Rosalie regarde son front!... la rougeur disparait, une teinte jaune et livide la remplace et descend lentement sur le reste du visage.

— Grand Dieu ! s'écrie Rosalie, d'un accent déchirant, en se jetant à genoux, je n'ai plus de père !

Un cri aigu, mais unanime et suivi de sanglots, répond à ces tristes paroles : Pierre-le-Roux n'était plus.

FIN.

LE
FILS DU MAÇON.

1 9

II

Le 20 août 1826, cinq fiacres s'acheminaient lentement par la rue de Vaugirard vers la chaussée du Maine; l'extrême charge de ces voitures les empêchait d'aller plus vite : d'ailleurs les cochers s'amusaient à regarder les curieux qui s'arrêtaient à l'envi pour les voir passer, tandis que tous les enfants du quartier s'évertuaient à les suivre. Chaque fiacre est rempli de femmes de tous les âges, coiffées avec des fleurs, habillées de blanc, resplandissantes de joie; les hommes sont placés derrière les voitures, à côté du cocher et jusque sur l'impériale; d'autres n'ayant pu se loger dans les boîtes roulantes les accompagnent à pied chantant à tue-tête; tous portent des bouquets ornés de rubans; les chevaux même avaient la tête et la queue ornées de faveurs de différentes nuances. On devine facilement qu'il s'agit d'une noce, et d'une belle encore! car c'est celle de Massard, *le Bon Enfant*.

Amoureux depuis longtemps d'une cuisinière de son quartier, cet honnête ouvrier venait de la décider à quitter sa place pour l'épouser, malgré les sages représentations de ses maîtres qui lui étaient fort attachés. Massard, avait-on dit à Catherine de toutes parts, est un bon enfant, sans doute, mais il lève bien souvent le coude et tu seras battue.

— Je n'ai pas peur de ça, répondit-elle gaîment, et si jamais mon homme me donnait un soufflet, il s'en souviendrait longtemps. De son côté, Massard n'avait pas été sans entendre dire aux commères des environs que Catherine était une maîtresse femme qui conduirait son mari par le bout du nez.

Tant mieux, répondait alors celui-ci; car je ne me conduis pas trop bien moi-même :

je gagne passablement ma vie, parce que je suis un vrai cheval à l'ouvrage et que quand je tiens le temps du bourgeois, je l'emploie de mon mieux; c'est juste! mais aussi lorsqu'arrivent le dimanche et le lundi, je suis à mon compte; pour lors, je m'en donne de cette paresse et de ce bon temps; sans compter le chapitre des amis qui sont sans ouvrage ou qu'on fait la noce! Si bien que je ne peux jamais mettre les deux bouts ensemble et que j'ai toujours un mémoire terrible chez la mère dur-à-cuire ma logeuse; d'ailleurs toutes réflexions faites j'aime la bonne soupe, c'est pourquoi que je prends une cuisinière.

Les deux nouveaux époux étaient donc en parfaite intelligence lorsque les susdites citadines s'arrêtèrent devant le cabaret de l'*Arc-en-Ciel.* C'était le lundi jour férié dans ces sortes de temples où préside Comus, aussi le grand salon du lieu était comble; circonstance qui augmenta la gloire de la mariée et le bonheur de Massard, puisqu'il fallut traverser toute cette immense salle pour arriver à la pièce réservée. Notre maçon eut la joie ineffable d'entendre répéter à tout ce peuple grimpé sur les tables et les tabourets.

— Dis donc, un tel, elle est gentille la mariée!

Il y eut bien quelques femmes qui trouvèrent sa robe de mauvais goût, sa taille peu agréable; mais elles se le dirent tout bas, en sorte que l'heureux Massard ne recueillit que des éloges qui eurent tous un écho dans son cœur. Comme ils allaient franchir le seuil de la porte qui devait les séparer du public, Massard, tenant son épousée sous le bras, s'arrêta tout court devant une table et prit cordialement la main d'un homme qui s'y trouvait face-à-face avec un broc de vin, un morceau de pain et un petit plat de giblotte.

— Bonjour Boiriot, dit Massard, je suis bien content de te rencontrer : où donc que t'es passé cet hiver que je ne t'ai vu nulle par

— Hélas ! dit le camarade la larme à l'œil, il m'est arrivé un grand malheur ; j'ai perdu ma pauvre femme après un mois de maladie à l'Hôtel-Dieu !

— Et c'est pour ça que tu t'es éloigné des amis? reprit le marié en fronçant le sourcil, c'est mal, très mal; j'aurais été voir la défunte, je lui aurais porté des consolations et de la nourriture, et puis je l'aurais pleurée avec toi; cette pauvre chère femme, si bonne, si douce! Te rappelle-tu quand elle venait nous chercher au cabaret? nous en fichait-elle des sottises, surtout à moi, parce qu'elle disait que c'était moi qui te débauchait; mais bah! la main tournée elle n'y pensait plus, et quand le dimanche suivant j'allais te voir elle me disait tout d' même avec son petit air agriable : « Fallait donc venir plus tôt, Massard, t'aurais pris une tasse de café avec le bourgeois, l' dimanche c'est sa rente. » Enfin puisqu'elle est morte, n'en parlons plus et que l' bon Dieu aye pitié de son ame. Quant à toi, mon vieux, continua Massard, tu vas laisser-là ton lapin pour venir avec nous : t'en mangeras va des lapins, c'est moi qui te l' dis et dans le bon et dans le fameux!

— Je te remercie, répondit Boiriot; mais vois-tu, je ne peux pas; j'ai travaillé jusqu'à deux heures, ce qui fait que je suis en habit de tous les jours; me sentant un peu triste j'ai pris le petit que v'là par la main et je y ait dit : « François, c'est fête, faut aller voir ta mère, ce que nous allions faire après avoir cassé une croûte et bu une chopine; tiens même que je l'y ai fait acheter une couronne de lierre de quatre sous en guise de gâteaux, parce que je me trouve un peu à court vu que ce n'est pas le dimanche de la paye.

— L' moutard ne sera pas de trop, s'écria le bon maçon, et pour ce qui est de tes habits de travail, ils n'ont jamais déshonoré personne, pas vrai, Catherine?

Et la jolie mariée, que ce colloque ennuyait, fit un léger signe de tête en appuyant fortement sur le bras de son époux afin de l'entraîner.

—Allons, l'ami décide-toi, dit Massard, car vois-tu v'là z'une particulière dont les pieds brûlent et qui me tire tant qu'elle peut.

Catherine rougit et prit à son tour la parole avec une grâce irrésistible qui n'appartient qu'aux femmes et qu'elles possèdent toutes.

— Vous ne refuserez pas de venir avec nous, père Boiriot, dit-elle; vous étiez bon mari, vous êtes bon père, cela nous portera bonheur!

L'argument fut péremptoire. Boiriot prit son fils par la main et suivit Massard qui, se retournant avec vivacité, le poussa plutôt qu'il ne le fit entrer dans la salle du banquet en disant à haute voix :

— Hé ! dites donc vous autres, v'là le camarade Boiriot qui ne voulait pas se réunir à nous parce qu'il n'a pas fait toilette.

— Tiens c'te bêtise! dirent à la fois une douzaine de convives, est-ce que les amis ne sont pas toujours des amis?

Le reste du jour se passa gaîment : on but d'abord, puis vint la danse, et Dieu sait si l'on s'en acquitta bien. Le festin arriva fort à propos pour donner relâche aux danseurs qui n'en pouvaient plus; quand aux femmes, il est convenu qu'elles sont infatigables sur cet article. Massard tenait l'un des bouts de la longue table dont la belle mariée faisait les honneurs à merveilles : placée sur un siége un peu plus élevé que les autres, elle dominait avec grâce, avec aisance cette nombreuse assemblée!

— Viens à côté de moi, mon vieux, dit Massard, qui restait debout derrière cette foule remuante, et vive la joie! le bonheur d'un bon ami, ça doit faire oublier ses propres chagrins, du moins, c'est comme ça que je pense.

Le pauvre veuf s'assit, tout honteux de sa veste imprégné de plâtre encore frais, auprès du magnifique habit bleu barbeau de l'heureux époux. Boiriot ne put s'empêcher de penser que dix ans plus tôt, se célébrait aussi son mariage avec une jeune et jolie fille faisant l'envie de tout le bâtiment et dont il ne lui restait que l'enfant qu'il avait à son côté; il s'en rapprochait involontairement, comme s'il eût craint qu'on ne le lui ravît encore.

A la fin du repas, lorsque tous les convives parlaient et chantaient à la fois, une bonne réjouie au gros ventre, aux joues fraîches et rebondies, cria de toute la force de ses poumons, pour qu'enfin l'on parvint à l'entendre :

— Messieurs! le bourgeois vous fait demander s'il y aura un landemain, afin de ne pas disposer du salon dans lequel vous êtes.

— Sans doute qu'il y en aura un landemain, répondirent une vingtaine de personnes, et dont nous ferons les frais, encore.

A l'instant l'un des convives se leva, prit un saladier, mit deux pièces de cinq francs dedans en disant :

— V'là ma part, qui m'aime fasse comme moi.

A l'instant on se heurta à qui mieux-mieux pour déposer plus tôt son offrande dans la bourse de circonstance. Le seul Boiriot était resté sur sa chaise, tout contrit ; car nous savons que pour le quart-d'heure son gousset se trouvait à sec. Massard qui s'aperçut de son embarras, se tourna vers lui et l'interpela vivement.

— Eh bien! Boiriot, ne veux-tu donc pas

aussi être du lendemain? Allons, mon ancien, laisse le bâtiment pour un jour : fais la noce toute entière, et vive la joie! En même temps, deux pièces de cinq francs avaient été glissées furtivement sur les genoux de Boiriot qui les lança dans le saladier et dit à part, à son ami, attendri : « Par exemple, Massard, v'la z'un trait que je n'oublirai de ma vie.

— Tais-toi donc répondit le maçon t'est un enfant.

Après le dîner on se remit à danser et à boire sans trop mesurer le temps, si bien que le jour surprit la plupart de ces braves gens couchés sur des tables et dormant d'un profond sommeil. En se réveillant tous cherchèrent inutilement les mariés : ils avaient eu l'adresse de s'enfuir sans qu'on les vît, ce qui leur épargna bien à propos les farces obligées de ces sortes de noces. La société se remit à table pour déjeuner avec les restes de la veille, puis on se dispersa dans la plaine où l'on se promena toute la journée. L'air remit chacun dans son assiette et ce fut tout prêt à recommancer, qu'on se rendit à l'*Arc-en-Ciel*, vers quatre heures de l'après midi. Les mariés y étaient déjà, accompagnés du père Boiriot et de son jeune fils. Massard paraissait rayonnant. Catherine, quoique plus pâle que le jour précédant était assez gaillarde pour supporter les plaisanteries d'usage et répondre aux quolibets dont on prétendait l'accabler. Boiriot avait aussi laissé sa tristesse à Paris. Vêtu du pantalon chamois et du fin habit marron-clair, il ouvrit le bal avec la mariée; il n'est pas jusqu'au petit François Boiriot âgé de neuf ans qui, paré de ce qu'il avait de plus beau, ne servît de danseur lorsqu'il manquait un quatrième. Enfin la noce fut complète et toute la semaine s'en ressentit; le lundi d'après seulement, car il n'y avait pas moyen de célébrer l'octave faute de fonds, chacun reprit ses travaux accoutumés.

La taille haute et disgracieuse de Catherine ne tarda pas à s'arrondir si bien que neuf mois après le 20 aout 1826, c'est-à-dire vers la fin de mai 1827, Massard, accompagné de son ami Boiriot, d'une sage-femme et de quelques autres personnes, présentait à la mairie du onzième, un beau et gros garçon dont sa chère Catherine venait de lui faire présent.

De retour au logis, il fut question du baptême.

— Ami Boiriot, dit Massard, j'ai été te chercher pour être mon témoin, comme mon ami, c'est juste. Maintenant j'attends de toi un autre service, c'est d'être le parrain du poupon. Jusqu'à cette heure j'avais compté sur le père de Catherine, parce que c'a y était dû. De peur de dépenser queuques sous, ce vieux sournois n'a pas voulu venir du pays et nous laisse tout bonnement dans l'embarras. Not' femme pleurait, car ça lui est bien sensible. Sois tranquille que j'y ai dit comme ça, j'avons des amis, et là-dessus j'ai pensé à toi.

— T'as bien fait, répondit Boiriot, jamais mon amitié ne manquera au poste :

faut pourtant que je te fasse une confidence et que je t'avoue un faible que j'ai. Je te dirai donc que depuis le malheur qui m'a enlevé feue ma pauvre défunte, je suis devenu superstitieux : de temps en temps, je me fais tirer les cartes par cette rousse qui se met sur le milieu de la chaussée du Maine; il y a quelque jours qu'entre autres choses, elle m'a recommandé de ne jamais être parrain; je ne sais pas pourquoi, mais cela me fait peur tout-de même. Je te propose donc de faire tenir l'enfant par mon petit Boiriot, ce sera presque comme si que cela fût moi.

Les deux époux acceptèrent avec plaisir cet arrangement : seulement on remit le baptême à huitaine, afin que l'accouchée pût participer à la fête.

Le matin du jour dit, Boiriot, une bouteille de chaque main, un melon sous le bras et le petit François à son côté, portant un pain de sucre et un litre d'eau-de-vie, entra gaîment dans la chambre de son ami.

— V'la des dragées, commère, dit-il, en posant sur la table tout ce que contenaient ses mains et ses poches.

— C'est des bêtises, père Boiriot, dit Catherine en finissant de coîffer son nouveau-né : ce n'est pas pour faire des dépenses folles qu'on vous a invité à être parrain.

— Laissez donc, commère; serrez ces deux bouteilles, c'est du chenu ; ça vous donnera du lait pour ce gaillard-là qui, à ce que je vois, a bonne envie de vivre; car il crie joliment.

— Le cher poulot, reprit Catherine en baisant son fils tendrement, c'est tout le portrait du père : tenez, voyez plutôt !

Et la joyeuse mère relevait avec soin la ruche de tulle que cachait la figure rouge et plissée de son bien-aimé rejeton.

— Il est vrai qu'il te ressemble fièrement, dit Boiriot, tes yeux et ton nez tout crachés, quoi !

— Mais qu'est-ce que vous avez donc là, vous autres ? s'écria la jeune mère en se tournant vers un groupe d'hommes silencieux qui se tenait tristement dans un coin de la chambre ; vous avez l'air tout chose !

Rien, répondit l'un d'entre eux tout contrit.

— Je vois bien, reprit Catherine, qu'on me cache queuque secret, mais je suis curieuse et je veux tout savoir.

— Dam! reprit un des assistants, écoutez donc la petite mère, dans l'état ousque vous êtes!...

— L'état ousque j' suis, répliqua vivement Catherine en se levant sur son séant, de quoi donc qu'il s'agit? j' vois mon homme et j' tiens mon garçon, par ainsi j' peux tout apprendre : parlez vite, car vous me faites mal avec vos mystères.

Massard, alors lui raconta qu'un de leurs camarades venait de tomber d'un échafaudage et qu'il avait la jambe cassée.

— Le pauvre cher homme! dit Catherine, a-t-il une femme?

— Une femme et deux enfants, répondit-on.

Pendant qu'on parlait de ce fâcheux accident, un petit garçon vint annoncer que les deux voitures demandées pour le baptême étaient à la porte.

— Un instant, s'écria Catherine, je demande la parole : il ne sera pas dit que Massard le bon enfant s'amuse pendant que les autres pleurent. Je connais mon homme, v'là sa journée gâtée! il me vient une idée qui, j'en suis sûre, sera approuvée de tous; d'abord renvoyons les fiacres, il fait beau, nous seront aussi bien à pied; ensuite au lieu d'aller à la barrière comme nous en avions l'intention, vous irez tout bonnement vous promener jusqu'à cinq heures; d'ici là, je ferai casser le cou à deux gros lapins dont je vous soignerai l'assaisonnement; une salade, un morceau de fromage et les provisions du compère, le repas sera complet. Tout cela ne nous coûtera pas cher et chacun de vous enverra à la pauvre femme du blessé ce qu'il devait boire et manger aujourd'hui.

— Ainsi que le produit de notre journée de demain, dirent tous ces braves ouvriers, car assurément nous n'aurions pas travaillé si nous étions monté là-haut!

Massard embrassa tendrement sa compagne en lui disant :

— Tiens, femme, je voudrais que ceux qui me disent que t'es méchante et criarde fussent tous là, pour être témoin de ta conduite en ce moment : ils verraient que si tu as une mauvaise tête, ton cœur est un trésor que je suis trop heureux de posséder.

Tout se passa comme Catherine l'avait arrangé, et la femme du blessé reçut par les mains du jeune François, une petite boîte contenant 75 francs. Cette infortunée adressa des remercîments a la Providence, car elle ignora d'où lui venait ce généreux secours.

Le ménage de Massard le bon enfant, alla toujours en prospérant : enfants et travaux rien ne lui manqua. Grâce à l'ordre de Catherine et à sa force de tête, l'aisance régnait dans ce petit intérieur; il y avait bien de temps en temps quelque querelle, parce qu'il y en a dans tous les ménages si bons qu'ils puissent être, de même que le plus beau ciel se gâte au moment où l'on admire sa limpidité. Cependant jamais un violent orage n'éclatait chez l'honnête maçon : il craignait assez sa femme pour ne pas se permettre de grosses sottises et celle-ci aimait assez son mari pour faire à ses anciennes habitudes de légères concessions. Par exemple, quand la quinzaine avait été complète, que Massard ne l'avait pas trop ébréchée en buvant le *canon de l'amitié*, Catherine alors employait la matinée du dimanche à payer les dettes du quartier, ensuite elle faisait emplète des choses dont pouvaient avoir besoin ses chers petits enfants selon la saison; puis s'il restait une somme un peu ronde qui ne dût rien à personne, elle tirait l'habit du dimanche, le brossait, débarbouillait ses marmots, tressait leurs blonds cheveux et les costumait de son mieux ; un tiroir contenant une robe fond-blanc, un tablier de soie noir, un joli bonnet orné de rubans roses était ouvert à son tour. Massard, qui regardait à la fenêtre sans faire semblant de rien, riait sous cape; il se retournait et lui disait nonchalemment :

— Qu'est-ce que tu fais donc? femme.

— Tu le vois bien, je m'habille, répondait celle-ci, puisque tu as été raisonnable je ne demande pas mieux de nous amuser un brin. J'ai fait cuire un joli morceau de veau que nous irons manger à la barrière.

Massard enchanté courrait se faire *accommoder* chez son voisin le perruquier. Une heure après, Catherine, appuyée sur le bras de son mari, à cause de sa rotondité, un enfant à son tablier, un autre cabriolant devant eux, parcourait gaîment les boulevards et la chaussée du Maine, leur promenade favorite. La famille du maçon ne manquait pas un polichinel, un singe ou autre distraction de ce genre. Lorsqu'on était fatigué et que l'appétit s'était déclaré on faisait halte à la porte d'une guinguette, on soupait au son de la musique, on regardait danser en faisant sauter les marmots sur les genoux, puis lorsque sonnaient dix heures, Catherine inflexible à toute espèce de prières soit de la part de son mari, soit de celle de quelques amis, reprenait le chemin du logis, un enfant endormi sur les bras. Massard, n'était pas toujours content, se révoltait même quelquefois; Catherine tenait bon et triomphait. Son grand secret était de veiller constamment son mari afin qu'il ne bût pas trop. Grâce à ce soin, il finissait par entendre raison. Souvent il boudait pendant le chemin, ne disait mot au retour; mais le lendemain, sain de corps et d'esprit, il retournait au travail en s'avouant tout bas qu'il était bien heureux d'avoir une femme de tête.

Il n'est pas de bonheur parfait sur la terre. Massard, au milieu de sa prospérité conjugale et financière, éprouva un de ces chagrins qui laisse dans notre cœur des traces ineffaçables et dont le triste souvenir empoisonne longtemps notre existence. Un jour que, plus content de son sort que jamais, il en causait avec son ami Boiriot en travaillant avec lui à la corniche d'une maison de la rue Saint-Honoré, une corde mal nouée se détacha; la planche qu'elle soutenait fléchit, et le malheureux Boiriot qui s'y trouvait installé tomba sur le pavé. Massard faillit être aussi entraîné par le choc et ne dut son salut qu'à la présence d'esprit d'un camarade qui, l'ayant vu vaciller, se précipita à son secours assez à temps pour le retenir en le jetant violemment en arrière. Qui pourrait peindre le désespoir de Massard lorsqu'il vit le corps de son cher Boiriot mutilé, couvert de sang! Il criait, pleurait, implorait du secours, mais tout fut inutile, l'infortuné Boiriot était mort sur la place. On dut reconduire Massard chez lui, car il ne se connaissait plus. Catherine le consola de son mieux. Cependant la joie de revoir son mari, qu'elle aurait pu perdre aussi, fut si grande qu'elle diminua beaucoup le chagrin que lui aurait causé la mort violente de leur ami dans toute autre circonstance. Un peu plus tard, elle regretta sincèrement Boiriot : elle reconnut qu'un parfait honnête homme qu'on a pour ami se remplace difficilement.

Le lendemain de ce funeste événement, quelques compagnons maçons vinrent chercher Massard pour assister à l'enterrement du paurve Boiriot; l'accablement de Massard était tel qu'il fallut le soutenir à deux pour suivre le convoi de son cher camarade. Rien n'est plus imposant que le cortége de l'ouvrier quand l'estime générale l'accompagne. Plus de deux cents maçons suivaient dans un profond recueillement le modeste corbillard du pauvre; un jeune garçon, la tête nue, les bras pendants, la figure couverte de larmes qu'il ne songeait pas même à essuyer, marchait en tête de la colonne. Arrivés près du cimetière, chacun se munit d'une couronne, et parvenus à la fosse commune tout le monde se mit en rond afin d'entendre l'éloge du défunt, éloge d'autant plus touchant qu'il n'eut à retracer que de belles actions, simples comme celui qui les avait faites. Une jeune fille venait aussi, malgré ses seize ans, de prendre possession de sa dernière demeure. Son convoi virginal se réunit à celui de notre maçon; ce qui donna à cette cérémonie quelque chose de divin qui n'échappa certainement pas à l'œil des curieux indifférents que l'on trouve en tous lieux. On posa la bière sur le bord du fossé, puis s'étant agenouillé chacun des assistants fit une courte et fervente prière pour recommander à Dieu l'ame de l'homme de bien. A l'instant où l'on allait se séparer de lui pour toujours, en recouvrant son cercueil de terre, toutes les couronnes furent lancées à la fois, ce qui produisit un effet vraiment magique; cette touchante offrande terminée, on allait s'éloigner lorsque celui qui avait fait en termes si convenables le panégyrique du défunt, reprit la parole et dit :

— Mes compagnons et chers camarades, il nous reste maintenant à remplir un devoir sacré, c'est celui de subvenir aux besoins du fils de l'excellent homme que nous pleurons, en attendant que nous avisions sérieusement à ce qu'on peut faire de ce jeune garçon qui n'a que quatorze ans et qui reste, par la mort de son père, sans aucun soutien. C'est pourquoi, connaissant votre générosité, j'ose vous proposer une collecte en sa faveur!

Massard alors tiré de sa stupeur s'avança

brusquement, prit la main de François avec autorité et dit d'une voix forte.

— Merci! mes amis de vos intentions à l'égard de François; mais il n'a besoin de rien, car de ce moment il fait partie de la famille de Massard *le bon enfant*.

Un murmure d'approbation se fit entendre, on se rapprocha avec intérêt de Massard et de François et le cortége entier reconduisit en triomphe le jeune orphelin et son père adopif.

— Tiens, femme, dit Massard en poussant François dans sa chambre, voilà le fils de notre bon ami Boiriot qui reste sans père ni mère; j'ai promis que tu lui tiendrais lieu de tout cela; à présent fais-en ce que tu voudras, je te le livre.

Catherine fut étourdie de l'action et du langage de son mari : l'enfant debout, vis-à-vis d'elle, restait immobile ; son joli visage était inondé de larmes et sa poitrine contenait difficilement les sanglots qui le suffoquaient. Catherine l'attira sur son sein ; mêla ses pleurs aux siens et lui dit avec bonté :

—Console-toi, petit, je ne t'abandonnerai pas.

— Je savais bien, reprit Massard, que lorsqu'il s'agirait de faire le bien, ma Catherine ne resterait pas en arrière.

C'est ainsi que le jeune Boiriot devint le commensal de la famille du maçon ; cependant au bout de quelques semaines données à la douleur, la raisonnable Catherine pensa sérieusement à ce qu'il convenait de faire du quatrième enfant qui lui était échu. « François, dit elle en elle-même, a quatorze ans passés ; il est fort et bien portant, il faut qu'il travaille. Je veux bien l'aider, mais non encourager la paresse ; d'ailleurs, n'ai-je point mes petits gats qui réclament tous mes moyens? allons pas de faiblesse. » C'était le soir que Catherine ruminait ces pensées, dès le lendemain elle entreprit son mari à ce sujet.

— Ton François, lui dit-elle, est bien gentil, mais il m'a tout l'air d'un fainéant ; de plus, il ne répond rien quand on le gronde, ce qui me fait croire qu'il est un peu sournois, car en vérité il est trop doux pour un garçon. J'ai presque honte de mes gamains à côté de lui qui a l'air d'un saint. Il n'est pas jusqu'à sa jolie figure qui ne fasse tort à celle de mes blondins qui pourtant ne sont pas mal, je m'en vante.

— Eh bien! femme, n'es-tu pas jalouse de ce pauvre orphelin? dit Massard d'un ton amical; c'est bien d'une mère! Voyons, ne grognes pas, sa place est toute trouvée, j'en ai déjà parlé au bourgeois qui ma permis de le conduire avec moi au bâtiment pour le mettre au fait. Sitôt qu'il pourra porter l'auge et manier la truelle j'en ferai mon garçon; il vaudra toujours bien ce vieux fainéant qui me sert depuis quelques mois et qui passe pour riche propriétaire dans son pays. J'enverrai le richard labourer ses terres et j'emploierai mon petit François qui, quoique t'en dise, n'est ni paresseux, ni sournois, mais seulement craintif et malheureux.

En effet, ce jeune garçon, doué de toutes les qualités de l'ame et du cœur, était si timide qu'il paraissait stupide. La peur de mal faire paralysait tous ses moyens; sa figure régulière et douce avait l'immobilité de la bêtise; sa taille parfaitement bien prise était gauche et lorsqu'il se remuait c'était tout d'une pièce. Je laisse à penser si le pauvre François, avec ce caractère et cette manière d'être, eut à souffrir quand il parut au bâtiment. Les lazzis tombèrent sur lui comme la grêle, et tous ses nouveaux camarades se moquèrent impitoyablement de lui. Souvent en rentrant au logis le pauvre garçon pleurait de rage. Massard le consolait, l'encourageait et redoublait de tendresse et d'égards pour lui.

—Prends patience, disait ce brave homme

à son jeune protégé, ça n'aura qu'un temps : tiens, moi qui te parle j'ai été comme toi. C'est même pour cela qu'ils m'ont surnommé *le Bon-Enfant*. Quand tu seras dégourdi tu feras comme les autres.

—Jamais je ne me moquerai de personne, ajoutait François, et surtout d'un pauvre orphelin qui n'a ni père ni mère !

Et le sensible enfant versait d'abondantes larmes.

— Tu as du moins, dit Massard en lui serrant la main, un ami qui te soutiendra et te défendra s'il le faut.

L'apprenti maçon eut longtemps à supporter les sarcasmes de ses camarades ; mais un chagrin plus réel le poursuivit bientôt. Si François parlait peu, il observait beaucoup; il découvrit peu à peu que le ménage Massard, si d'accord précédemment, se querellait toujours davantage. Quelquefois même une dispute commencée le soir se prolongeait jusque dans la nuit. François, que l'inquiétude tenait éveillé, entendait prononcer son nom et devina enfin qu'il était bien involontairement le sujet du trouble survenu dans cet intérieur. Il n'osait en parler à Massard dont la vive tendresse ne se ressentait en rien de tous ces démêlés. Cependant il aurait bien voulu prendre un parti à cet égard. Déjà par les soins de l'excellent Massard, François avait un état, il remplaçait le garçon obligé et gagnait 30 sous par jour qu'il remettait religieusement à Catherine. Celle-ci, malgré cette ponctualité, le brusquait, le tarabustait, l'appelait *nigaud*, *imbécile*, *maladroit* et ne lui passait pas la plus légère sottise; il est vrai que la crainte qu'elle lui inspirait était grande; pour obéir plus vite il cassait presque tout ce qu'il touchait. Dans ce cas, Catherine se fâchait violemment; son mari prenait le parti de François, ce qui ne manquait pas d'amener une grosse altercation; car Catherine était décidément jalouse du petit Boiriot.

— Tu l'aimes mieux que tes propres enfants, disait-elle à son mari, tu ne te plais qu'avec lui, et je suis sûre qu'il te dit du mal de moi. Pourtant si je le savais je le mettrais à la porte à coups de pieds au derrière.

Massard, qui jusque-là s'était contenu se retourna avec colère et dit avec force :

— Ah! ça, femme, je te le défends!...

— Eh bien puisque tu me le défends, reprit Catherine, je le ferai.

— Tu ne le feras pas.

— Je le ferai!..

A ces mots Catherine fit un mouvement pour s'approcher de François... Massard hors de lui même et ne se connaissant plus, donne à sa femme un vigoureux soufflet. Le fils du maçon se jette au milieu d'eux pour parer un second coup qui s'adressait encore à la pauvre femme dont la colère devenue une véritable rage ne connut plus de bornes.

— Sors d'ici malheureux, cria-t-elle à François, je n'ai de chagrins que depuis que je te connais; sauve-toi ou je t'écrase!

Le jeune garçon sortit lentement, car il entendait à peine les menaces qu'on lui faisait, tant sa pauvre tête était bouleversée.

C'était un dimanche matin que cette scène eut lieu. François, pour se soustraire à l'attention de la foule de curieux qui encombraient les rues, se dirigea machinalement vers la barrière de Vaugirad ; la vue de la plaine remit un peu ses esprits ; il la parcourait au hasard, s'éloignant toujours plus afin de s'éviter tout contact avec les heureux que ce beau jour y attirait. A mesure qu'il marchait, sa tête devenait plus pesante, ses yeux s'obscurcissaient, enfin ne pouvant plus se soutenir, il s'assit sur le bord d'une carrière qui se trouvait là. Il posa son front sur ses mains n'ayant aucune idée de ce qui se passait près de lui. Tout-à-coup un affreux saignement de nez se déclara et l'hémorragie devint si considérable que François crut sa dernière heure arrivée. Effectivement ses souvenirs et ses forces furent entièrement suspendus : quelques passants le regardaient depuis assez longtemps avec une stupide curiosité; cependant lorsqu'il se trouva mal on fut sérieusement effrayé et les secours arrivèrent de toutes parts. L'un lui jetait de l'eau au visage; celui-ci lui passait une clef dans le dos; cet autre apportait un grand verre du vin qu'il savourait au cabaret voisin. Les femmes, que l'on trouve partout où se rencontrent la souffrance et le malheur, s'empressaient autour du jeune maçon en lui prodiguant les soins les plus empressés; l'une d'entre elles dit à sa fille :

— Laurette, cours chercher un verre d'eau sucrée avec de la fleur d'orange.

Et la jeune fille, légère comme un passereau, partit et reparut en moins de rien munie du liquide qui produisit un bon effet sur le malade; il revint à lui. La curiosité n'ayant plus d'aliment, chacun s'éloigna pour chercher ailleurs de nouvelles émotions. François serait demeuré seul sur sa pierre sans le touchant intérêt que lui témoignaient encore une femme et une jeune fille! toutes deux le regardaient avec attendrissement.

— Pauvre petit, disait la mère Bernard, honnête aubergiste des environs, comme il souffre.

— Oh! oui, répondait Laurette, voyez, maman, combien il a chaud! et la sensible enfant essuyait avec son tablier le front brûlant de François.

— Vous êtes bien faible, mon garçon,

reprit madame Bernard; le soleil vous fait mal, venez vous reposer chez nous, la boutique est fraîche vous y serez bien.

En disant cela les deux femmes soutinrent François pour le conduire à leur habitation située tout près de là. Il y faisait en effet bien frais; car jamais le soleil ne pénétrait dans cette espèce d'antre, appelée boutique. Un mauvais comptoir et quelques tables, avec nombre de bancs vermoulus, composaient le mobilier de cette misérable maison. Au milieu de cette salle le père Bernard servait gravement à boire à des ouvriers qui, debout le verre à la main, causaient des heures entières et riaient à gorge déployée. François s'assit à l'écart et resta plongé dans ses tristes réflexions; appuyé sur une table, on crut qu'il dormait; aussi le laissa-t-on parfaitement tranquille. Sur la brune, la mère Bernard s'approcha doucement de lui.

— Eh bien! mon garçon, lui dit-elle à demi voix, comment vous trouvez-vous? tenez, prenez ce bouillon cela vous donnera des forces pour retourner jusque chez vous; demeurez-vous loin?

A cette question si simple, François reste tout interdit; l'aubergiste répéta sa phrase à laquelle le jeune maçon ne répondit que par des larmes. Au milieu de ses sanglots, il articula :

— Hélas! madame, je ne demeure nulle part!

Pressé de s'expliquer, il raconta naïvement son histoire jusqu'à l'instant où

Catherine l'avait chassé si cruellement.

— Pauvre enfant! s'écria la mère Bernard, ne te désoles pas comme cela, ça me fend le cœur; tu es jeune, tu travailleras; oublie cette méchante femme dont l'injustice me révolte et reste avec nous : on te logera, on te nourrira et puis tu paieras quand cela te sera possible.

A l'instant même, et comme pour retenir par ses bienfaits son nouveau pensionnaire, la brave femme servit à François une portion de haricots, un morceau de pain et un verre de vin. Ensuite la mère Bernard, avec la permission du bourgeois, disposa une petite chambre sur les toits, où elle conduisit François en lui disant :

— Tiens, mon garçon, voilà ton domicile;

il n'est pas brillant, mais il est propre, c'est l'essentiel. Nous dirons au bourgeois que je te loue 6 francs par mois; pour ce qui est du paiement, ne t'en inquiètes pas. Bon soir, bonne nuit.

Là-dessus elle tira la porte et disparut. François, pénétré de la plus vive reconnaissance, se jeta à genoux, remercia la Providence de sa visible protection et s'endormit profondément.

Dès qu'il fit jour, François se leva pour se rendre au bâtiment; chemin faisant, il réfléchit à son sort. Trouvera-t-il Massard dans les mêmes dispositions à son égard, et celui-ci l'emploiera-t-il toujours? Il en était là de ses doutes lorsqu'il aperçut le bon Massard qui venait à lui avec le plus vif empressement,

— D'où viens-tu, mon enfant? demanda Massard, où as-tu passé la nuit? je te cherche depuis hier, et je suis venu ici plus de vingt fois croyant t'y trouver; t'es cause que je me suis grisé; parce qu'en faisant des perquisitions de cabaret en cabaret, j'ai avalé quelques canons, si bien que le soir j'étais un brin en train. Aussi j'ai fait le vacarme à la maison; mais n'importe, puisque te voilà, mon pauvre François! je ne suis plus en colère; viens-t'en avec moi, nous allons déjeuner ensemble, et vive la joie!

François fit des difficultés, mais il fallut céder, car Massard avait la tête montée. Pendant toute cette journée, le bon maçon fit des efforts inutiles pour ramener son favori chez lui.

— Non, père Massard, dit François, j'ai

été cause de désastres dans vot' ménage, je ne dois plus y retourner. Tout ce que je vous demande, c'est d'être toujours vot' garçon, je vous servirai de mon mieux.

— Mon garçon, reprit Massard, en essuyant une larme, dis donc mon fils! car vois-tu je t'aime comme si que tu sois un de mes propres enfants. Avec ça que tu ressembles comme deux gouttes d'eau à défunt ton père, qu'était mon plus cher ami.

Une larme coulait à ce souvenir, puis un verre de vin s'avalait pour en adoucir l'amertume; enfin d'attendrissement en verre de vin et de verre de vin en attendrissement, Massard ne put regagner sa demeure que soutenu par François qui, arrivé devant la maison, tâcha de caller son patron contre la borne, frappa quatre vigoureux coups de marteau à la porte et courut se cacher pour voir si Catherine venait recueillir son mari. Lorsqu'il fut bien sûr que son ami Massard était rentré sain et sauf, il reprit le chemin de son gîte où l'attendait la bienveillante compassion de deux femmes qui le reçurent avec joie.

François continua donc à servir de garçon à Massard, qui finit par comprendre que la paix de son ménage exigeait l'éloignement de ce jeune homme, mais son affection pour lui devint plus vive que jamais. La difficulté de le voir le lui rendit plus cher et son plus grand plaisir était de passer avec lui quelques instants. Ce brave homme travaillait toujours d'avantage afin de joindre au moins dix sous par jour aux trente sous que gagnait François; il y avait une heure où deux de travail supplémentaire consacrée à cette bonne œuvre : de cette manière, le jeune garçon suffisait à sa dépense chez le père Bernard, homme un peu avare et qui avait exigé que le paiement de la pension lui fût fait en main propre, ce qui de fait annulait bien malgré elle les dispositions généreuses de la bonne aubergiste.

Massard, tout joyeux, dit un jour à François :

— Eh ! l'ami, tu ne seras plus mon garçon le mois qui vient. Grâce à Dieu te voilà maçon ; je viens de te faire recevoir ouvrier pour le prochain bâtiment avec cinquante sous par jour de paye. N'aye pas peur, je serai là pour t'enseigner ce que tu ne sauras pas et faire au besoin ce qui t'embarrasserait trop.

— Que vous êtes donc bon, père Massard dit avec émotion le jeune François; vous n'abandonnez pas l'orphelin, vous! puissé-je un jour vous rendre de quelque manière, tout ce que je vous dois.

— Qu'est ce qui te parle de ça? dit Massard, qu'est-ce qui te demande quelque chose?

— Dam! reprit François, on ne sait pas ce qui peut arriver; dans tous les cas je puis vous jurer que vous n'obligez pas un ingrat.

— C'est bon, c'est bon, monsieur le maçon, dit Massard d'un ton demi-railleur, nous verrons comment vous allez vous tirer d'une cheminée à confectionner ou d'un fourneau économique à établir.

Il ne s'en tira pas mal et devint maçon tout comme un autre.

Malgré l'élévation de François, il était resté dans sa petite mansarde de la plaine de Vaugirard; son lit était détestable, sa cuisine plus que médiocre et le chemin de Paris impraticable en hiver; cependant le jeune maçon ne quitte l'auberge des époux Bernard qu'avec regret et il y revient toujours en hâte comme si une force irrésistible l'y attirait. Massard ne manqua pas de faire à ce sujet ses observations. Un dimanche, entre autres qu'il vint voir à l'improviste son jeune ami, il le trouva posté à la lucarne de sa chambrette le nez au vent.

— Que fais-tu donc là, mon brave compagnon ? lui dit-il avec malice, tu ressembles à un furet qui guette un lapin de garenne.

— Moi, répondit François en rougissant jusqu'aux oreilles, je prends l'air.

— La vue est donc belle à plaisir ? répliqua le maçon en s'approchant de la fenêtre, mais il vit avec étonnement qu'elle donnait sur une petite cour horriblement salle et pleine de fumier ;

— Tu n'as pas l'odorat délicat ! dit alors Massard en riant ; car Dieu merci cela empoisonne ; allons viens avec moi, il fait plus beau dehors qu'ici.

François sortit visiblement contrarié.

Sur les deux heures, Massard parla de casser une croûte.

— J'allais vous le proposer, dit vivement François : c'est moi qui régale ; retournons chez la mère Bernard ; elle vous a le fion pour les gibelottes ; sans compter que le dimanche, il y a des galettes excellentes.

Puis il entraîna le bon Massard qui gromelait entre ses dent : « C'est bien ça... je m'en souviens ! »

A peine arrivé, François courut auprès de la mère Bernard à laquelle il commanda le dîner.

— Soignez-moi ça, comme il faut, lui dit-il, je traite mon maître compagnon, n'épargnez rien quand toute ma semaine devrait y passer.

Une jeune et jolie fille vint mettre le couvert ; c'était Laurette fille aînée des époux

Bernard. Sans être précisément belle, cette aimable personne se fait remarquer par un charme particulier. Sa voix est douce et affectueuse, son teint est d'une fraîcheur éblouissante : de belles dents, de beaux cheveux, une taille un peu forte, mais bien prise, enfin ce je ne sais quoi qui attire et retient malgré qu'on en ait. Laurette possède encore mieux que tout cela, c'est une réputation intacte : élevée dans de bons principes et naturellement vertueuse, elle s'entend dire tous les jours qu'elle est jolie sans en être plus fière. Aider son père et sa mère, soigner et chérir ses frères et sœurs, suffit à sa félicité : simple comme la fleur des champs, elle s'épanouit à l'ombre et cache à tous les yeux son éclat et ses vertus !

Lorsque Laurette approche, François rougît et détourne la tête, sitôt qu'elle s'éloigne il la regarde indéfiniment; si quelqu'un parle à Laurette d'un air familier, le jeune maçon fronce le sourcil et remue fortement le pied en signe d'impatience; mais une joie ineffable se répand sur tous ses traits lorsqu'il voit cette jolie créature repousser obstinément l'hommage de tous ceux qui l'entourent.

Massard devina promptement le secret de son élève : il l'en plaisanta d'abord, puis il songea sérieusement à ce qu'il fallait faire pour assurer son bonheur. Dans cette vue, il questionna la jeune fille, et demeura convaincu que l'amour de François était connu et partagé. Fort de cette découverte, il alla sans plus attendre trouver le père Bernard auquel il fit sa confidence. Celui-ci ne prit pas la chose avec douceur et malgré la précaution qu'avait eue Massard de lui mettre le verre à la main, il entra dans une furieuse colère.

— Je me doutais bien, dit-il, que ce petit sournois avec son air bête nous en ferait voir à tous. Qu'il prenne garde au moins, car s'il arrivait malheur à ma Laurette, il ne périrait que de ma main.

— Pourquoi vous emporter ainsi? père Bernard, dit le maçon, mon François, car voyez-vous, je le regarde comme mon fils, est doux, rangé, honnête, et qui ne se grise jamais celui-là! Et puis c'est pour le bon motif qu'il veut parler à votre fille.

— Laissez donc, répliqua l'aubergiste, il n'a seulement pas tiré à la conscription!...

c'est pourquoi je renvoie ce jeune godelureau de chez moi; de plus, je défends expressément à ma femme de jamais l'y recevoir, autrement nous verrons qui est le maître au logis.

Massard s'en fut tout penaud : il ne savait comment annoncer à son élève la mauvaise issue de sa tentative. Le pauvre garçon pleura amèrement lorsqu'il apprit tout ceci, et que le père Bernard vint impitoyablement lui signifier l'ordre de quitter la mansarde, dont la petite fenêtre avait tant de charmes pour lui, attendu que c'était Laurette qui présidait à la basse-cour et soignait scrupuleusement la chèvre et les volailles. Soit hasard ou volonté, elle y passait toutes ses matinées du dimanche : il y avait toujours quelque chose d'important à faire ce jour-là.

En travaillant au nettoyage, sa douce voix fredonnait un air; quelquefois sa tête se dirigeait vers la lucarne, alors ses beaux yeux noirs rencontraient de beaux yeux bleus, un léger sourire effleurait sa bouche, et ses joues prenaient une couleur éclatante. Il n'y avait pas beaucoup de mal à cela, cependant le papa Bernard en trouva, au grand déplaisir de ce couple intéressant.

François quitta l'auberge; mais il ne s'en éloigna que le moins possible : ce fut encore dans la plaine de Vaugirard qu'il prit gîte, presqu'en vue du cabaret de madame Bernard. Cette bonne femme s'était bien aperçue de l'intelligence qui s'établissait entre les deux jeunes gens à leur insu; mais plus indulgente et surtout plus tendre que son mari, elle ne s'en était pas effrayée et s'intéressait vivement à cet amour aussi pur que le ciel. Laurette pleura dans le sein de sa mère au départ précipité de François, sans se plaindre pourtant ; car respecter les ordres de son père était le premier des devoirs dont on lui eût enseigné la pratique.

— Console-toi, cher enfant, lui disait la bonne mère, attends tout du temps ; vous êtes si jeunes tous les deux que vous pouvez patienter encore quelques années. Laurette ne trouvait pas cela et sa résignation ne fut qu'apparente.

François avait découvert le moyen d'apercevoir de temps en temps sa bonne hôtesse auprès de laquelle était toujours Laurette. Il passait devant la boutique à l'heure où il savait que le papa Bernard arrangeait à sa cave le vin qu'il devait débiter pendant la journée : on se regardait en souriant; c'en était assez pour donner de la gaîté et faire prendre patience. Le dimanche Massard entrait dans la boutique boire un verre de vin et les femmes comprenaient parfaitement ce que cela voulait dire : « François pense à vous. » Il faut si peu de chose pour soutenir un cœur vraiment épris, que nos jeunes amoureux se contentèrent pendant quelques mois de ce commerce de pensées.

La famille du maçon Massard s'était augmentée d'un enfant depuis le renvoi brutal du jeune François. Catherine, toujours bonne mère, bonne épouse, avait pourtant un défaut grave, défaut qui ne s'était développé qu'avec les années et qui prenait chaque jour plus de force : elle était jalouse!

Déjà ce vilain penchant lui avait fait commettre une grande injustice, qu'elle se reprochait souvent, mais sur laquelle elle n'avait pas le courage de revenir. Si François eût été malheureux, le cœur de Catherine l'eût emporté sur sa mauvaise tête; mais il gagnait sa vie et pouvait se suffire, alors la rancune persistait. D'ailleurs de nouvelles discussions avaient envenimé la première. Massard s'absentait souvent et toujours pour aller voir François. L'humeur que mettait Catherine à reprocher à son mari cette affection si innocente semblait l'accroître chez ce dernier; ce qui n'eût été qu'une distraction devint bientôt un pressant besoinpour Massard. Toutes les fois que sa femme grondait, ce qui malheureusement arrivait souvent, il disparaissait pour la journée. Il ne lui était pas difficile de rejoindre son jeune ami ; on était certain de le rencontrer le dimanche dans la plaine de Vaugirard, aux environs du cabaret Bernard. Une fois Catherine s'imagina de suivre son mari : elle le vit s'arrêter pour causer avec François, ensuite le quitter et se diriger vers un marchand de vin dont deux femmes tenaient le comptoir. En observant avec attention, Catherine découvrit, à n'en pouvoir douter, des signes d'intelligence entre son mari et la jolie Laurette : hors d'elle-même, à cette certitude, Catherine entre dans la boutique pour accabler de reproches celui qu'elle croyait infidèle.

— Voilà donc pourquoi tu me laisses, malheureux ! avec mes quatre enfants ; c'est pour en venir conter à cette mijaurée, qui sans doute te croit garçon ! La violence de sa colère attira la foule. François accourut, oubliant toute prudence; l'exaspération de Catherine arriva au comble lorsqu'elle reconnut François, qu'elle accusa de nouveau d'avoir causé tous ses maux. Massard enfin parvint à l'entraîner pour la calmer en lui expliquant le mystère qui lui avait fait prendre le change.

Malheureusement, un grand mal venait d'avoir lieu. Le père Bernard, furieux à son tour de la scène qui s'était passée chez lui, accabla sa femme et sa fille des reproches les plus durs; il leur fit voir tout ce que leur conduite avait de répréhensible, puisqu'elle amenait de semblables quiproquos.

— J'y mettrai bon ordre, ajouta-t-il en quittant la maison.

Les pauvres femmes furent d'autant plus affligées de tout ce qui s'était passé, qu'elle ne virent plus François passer devant leur débit, et qu'elles ne purent savoir ce qu'il était devenu. La mère Bernard s'informa de lui dans l'auberge où il logeait, on lui répondit qu'un matin Bernard était venu le trouver, qu'ils avaient causé ensemble assez vivement, qu'après le départ de ce dernier, François avait donné congé en payant ce qu'il devait; qu'ensuite on ne l'avait plus revu.

— Oh! mon Dieu! s'écria Laurette à ce récit, l'ai-je perdu pour toujours!

Les larmes coulèrent en abondance dans le sein de sa bonne mère qui ne put que pleurer avec elle.

Or, voici ce qui s'était passé. Comme nous l'avons dit, le père Bernard était avare et sévère; mais il était juste par-dessus tout. Après le scandale qui venait de troubler son intérieur, il vit bien que sa prudence était en défaut et que l'amour serait le plus fort. Il réfléchit à ce qu'il convenait de faire, après quoi il se rendit de bonne heure chez François qu'il trouva au lit. Celui-ci devint pâle comme la mort en le voyant.

—Rassure-toi, lui dit Bernard, je ne veux pas te faire de mal; je suis venu de bon matin afin d'être à jeun; je n'ai pas voulu seulement prendre la goutte avec un ami que je viens de rencontrer, afin d'avoir tout mon bon sens. Maintenant causons tranquillement : ma fille est gentille, tu n'es pas mal, vous vous aimez, c'est tout naturel; mais vois-tu, mon garçon, l'amour tout seul c'est pas grand'chose; faut du pain pour manger avec.

C'est pourquoi je t'ordonne, t'entends bien, je t'ordonne de ne plus flairer chez nous, ni dedans ni dehors, à moins que tu ne gagnes bel et bien 3 francs 10 sous par jour; c'est, cumme ils disent à la justice de paix, mon *massimum*, quand tu en seras là, si ma Laurette n'est pas mariée et que tu me la demandes honnêtement, pour lors nous verrons ce que nous aurons à faire; bien entendu que tu auras satisfait à la loi, parce que, vois-tu, le père Bernard entend que tout soit en règles.

A mesure que le bonhomme parlait, le visage de François s'épanouissait. Tout-à-coup il lui saute au cou de manière à l'étouffer en s'écriant :

— Comment père Bernard, vous auriez là chose de me donner votre fille si seulement je gagnais 3 francs 10 sous par jour? Ah! je n'aurais jamais cru cela de vous! mais puisque vous êtes assez brave homme pour vous comporter si bien vis-à-vis de moi, je vous jure que je ne regarderai plus Mam'zelle Laurette sans votre permission; je ferai tout ce que vous voudrez, enfin je vais travailler comme un vrai cheval pour être plus tôt digne de devenir vot' gendre. Par rapport à la conscription, vous pouvez être tranquille, car c'est dans un mois que je tire; si je tombe au sort je me ferai tuer tout de suite afin d'oublier mam'-zelle Laurette : ainsi v'la qu'est convenu; maintenant prenons ensemble la goutte que vous avez refusée tout-à-l'heure, à cette fin de me prouver que vous ne m'en voulez pas d'aimer votre fille qu'est si jolie, si douce... et qui a des yeux! oh! des yeux .. On but deux ou trois gouttes et l'on se quitta les meilleurs amis du monde.

De ce moment, François ne prit plus de repos : il travailla surtout à se former dans son état. Le bon Massard qui connaissait ses motifs le seconda de ses conseils et de son influence, si bien que, devenu assez habile, François obtint pour le printemps 3 francs de son entrepreneur, qui estimait surtout l'exactitude de ce jeune ouvrier. Le jour du tirage étant arrivé, François pria Massard de l'accompagner à la Ville; puis il lui dit :

— Vous êtes si bon pour moi que je veux mettre ma destinée entre vos mains : tirez à ma place, je suis sûr que cela me portera bonheur.

Massard tremblait de tous ses membres en

Lorsque le père Bernard reçut cette petite lettre il ne put s'empêcher de dire : « C'est vraiment un bon garçon que ce François et puisqu'il tient si bien sa parole, je ne suis pas trop éloigné de lui donner ma fille, d'autant plus que malgré ses dix-sept ans et sa jolie figure on ne me la demande pas souvent, parce que j'ai eu le malheur de faire de mauvaises affaires il y a quelques années. J'avais rêvé pour elle un homme établi ; mais puisque cela se trouve de cette manière je la marierai à François : un bon ouvrier a bien son mérite et puis je ferai ce que je voudrai de ce gendre là. »

Se trouvant dans ces bonnes dispositions, le papa Bernard montra la lettre à sa femme qui courut porter cette bonne nouvelle à sa fille. Le soir Laurette paraissait rayonnante ;

ses joues étaient encore plus colorées que de coutume; de temps à autre une larme brillait dans ses yeux et en augmentait encore l'extrême vivacité. Sa préoccupation était telle qu'elle ne comprenait rien à ce qu'on lui demandait, servait tout de travers et se heurtait à tous ceux qui se trouvaient là. Son père qui vit sa maladresse sourit, car il en devina la cause. Une fois il voulut la gronder, Laurette alors s'approcha de lui, passa ses deux bras autour de son cou et lui dit à demi-voix :

— Ne vous fâchez pas, petit père, vous êtes si bon et je vous aime tant !

Bernard l'embrassa tendrement quoiqu'il comprît parfaitement d'où venait ce redoublement d'affection. Au fond, c'était un brave homme que ce papa Bernard.

A quelque temps de là, Massard vint trouver François un dimanche matin de très bonne heure.

— Vive la joie! dit-il, en ouvrant la porte avec fracas! nous allons faire un bon déjeuner, et c'est François qui régale.

— Je ne suis pas en fonds, répondit ce dernier; car ce n'est pas le dimanche de la quinzaine.

— Bah! tu as bon crédit, et je te dis moi, reprit Massard, que tu vas me payer un fameux déjeuner, ainsi qu'à ce gaillard-là qui a bon appétit, vu la course que j'y ai fait avaler.

François reconnut un ancien compagnon avec lequel il avait travaillé, mais cela ne lui expliquait pas l'urgence du déjeuner, lorsqu'enfin Massard lui apprit que l'ancien camarade était devenu maître compagnon dans d'immences travaux et qu'il venait de les embaucher tous deux pour la saison toute entière.

— Pourquoi quitter le bourgeois? demande François, puisqu'il nous occupe depuis longtemps et nous paye bien.

— Tiens, ce nigaud, répliqua Massard, pour gagner plus donc! Je ne suis payé que 4 francs 10 sous, on m'en donnera 5 francs 10; et toi, au lieu de tes 3 francs tu en toucheras 4! Comprends-tu, maintenant, finot?

François avait si bien comprit qu'il sauta au cou de Massard, comme un vrai fou, en répétant :

— Quatre francs, c'est dix sous de trop! je ne veux que 3 livres 10 sous, mais qu'on me les assure pour un an et je serai trop heureux!

— Puisqu'on te dit que tu auras 4 francs, imbécile! sans compter que tu les mérites bien, car sans te flatter, c'est que tu es devenu un joli ouvrier, au moins.

— Grâce à vos bons soins, père Massard, répondit François dont la joie était vraiment du délire.

Tout en causant on s'achemina vers la boutique d'un marchand de vin de connaissance. Les côtelettes de porc frais, les huîtres et le vin blance ne furent pas épargnés. François ne put manger, son bonheur l'étouffait; malheureusement il put boire, et pour la première fois de sa vie sa raison s'en ressentit : il fit et dit mille bêtises, dont les deux maçons s'amusèrent sans qu'il s'en aperçût. Le l'endemain, François crut qu'il avait rêvé; il ne voulut pas aller travailler, persuadé que c'était dimanche; on eut une peine infinie à lui faire comprendre ce qui s'était passé. Massard arriva pour le lui rappeler et confirmer ses espérances en lui apprenant que la semaine d'après tous deux partaient pour Saint-Germain, où se trouvaient les travaux qu'ils avaient à faire.

Catherine avait eu de la peine a consentir à ce déplacement; mais 20 sous de plus par jour est bien quelque chose quand on a quatre enfants. Ce ne fut pourtant pas sans un assez vif chagrin qu'elle vit partir Massard.

—Songe-bien, lui dit-elle, que si tu n'arrives pas le samedi soir, je serai à Saint-Germain le dimanche matin; car quoique tu me fasses bien enrager, je sens que je t'aime comme le premier jour; l'idée de ne pas te voir tous les soirs me culbute; tiens, si tu m'en croyais, tu renoncerais à cet ouvrage-là.

—Pas si bête, reprit Massard, sans compter que mon petit François y trouve son affaire, lui.

— Toujours ton François! repartit Catherine avec humeur; je ne puis pas souffrir ce garçon-là, il me semble qu'il est sans cesse entre toi et moi.

Massard changea de conversation et quitta bientôt sa femme pour aller trouver son élève.

Celui-ci rêvassait au moyen de faire savoir à Laurette l'état présent de ses affaires.

— Rien n'est plus facile, lui dit son ami que rien n'embarrassait ; il faut tout simplement aller chez elle. Maintenant que tu gagnes plus qu'on avait n'exigé, tu dois être fier. Allons-y de ce pas, c'est moi qui porterai la parole.

— Vous m'obligerez terriblement, dit François ; car je n'oserais pas seulement dire un mot.

Ils prirent immédiatement le chemin de la plaine : lorsqu'ils arrivèrent le papa Bernard, qui était au comptoir, fronça le sourcil ; sa femme quitta la cuisine pour venir avec empressement au-devant d'eux, et Laurette fut si saisie qu'elle faillit laisser tomber une pile d'assiettes qu'elle plaçait dans un buffet. Elle s'approcha cependant en tremblant pour voir ce qui allait se passer. François n'était pas plus à son aise, la tête penchée vers la terre, les bras pendants, il restait immobile à l'entrée de la boutique ne voyant rien et n'osant remuer. Massard sourit et prit la parole.

— Puisque je vous trouve tous trois réunis, dit-il, je ne cherche pas midi à quatorze heures, et je vous dirai tout bonnement que je viens de la part de ce garçon-là pour vous demander mam'zelle Laurette en mariage.

— Je n'ai pas dit cela, articula François en faisant deux pas en avant.

— Imbécile, dit vivement Massard, est-ce que tu ne veux pas l'épouser?

— Je ne dis pas cela, père Massard, reprit François plus bas.

— Ne dis rien du tout et laisse-moi parler, répartit le maçon avec impatience. Or donc, vous saurez, continua-t-il en s'adressant de nouveau aux époux Bernard, que nous partons aujourd'hui même pour Saint-Germain, où nous sommes embauchés à raison de 4 francs par jour pour toute la saison avec espoir d'augmentation. Comme cela remplit les conditions imposées par le papa beau-père, nous venons, sans façon vous demander votre fille.

Cet éloquent discours fut favorablement accueilli : on convint que si les travaux se continuaient toute la belle saison on pourrait se mettre en ménage à l'entrée de l'hiver. Que d'ici là, François ferait de petites économies, que la gentille Laurette s'occuperait du trousseau, selon les moyens de sa famille. Cet accord fut scellé par un déjeuner sans prétention.

François, placé en face de Laurette, la regardait sans cesse, à moins qu'elle ne le fixât elle-même; alors il détournait la tête à son tour jusqu'à ce qu'elle baissât les yeux, ce qu'il voyait parfaitement sans regarder. Ils ne se parlèrent pas; mais leurs regards et leurs pieds s'étaient rencontrés et leurs cœurs s'entendaient à merveille. Lorsqu'on fut sur le point de se séparer, le père Bernard, que le repas avait égayé, dit à François :

— Allons, mon gendre, embrasse ta fiancée.

Tous deux se précipitèrent à la fois au-devant de ce premier baiser si ardemment souhaité.

— Au revoir, mam'zelle, dit François en pressant fortement la jeune fille dans ses bras.

— Au revoir, répéta doucement Laurette en se soutenant à peine, car ce baiser avait fait tressaillir toutes les fibres de son cœur.

Le père Bernard avait dès lors permis au jeune maçon de venir le dimanche les voir, et certes il n'y manqua pas. Les jeunes gens se contaient de point en point ce qu'ils avaient fait pendant la semaine : c'était toujours la même chose, mais on ne s'y inté ressait pas moins. Surtout quand l'aimable et douce Laurette étalait aux yeux émerveillés de François, le linge destiné au ménage : draps, serviettes, torchons, il trouvait tout cela superbe, La sollicitude de madame Bernard était si grande qu'elle voulut aussi faire son cadeau de noce : elle acheta de ses épargnes de quoi tailler six belles chemises à son gendre futur et Laurette fut chargée de les confectionner. Avec quel soin la jeune fille s'acquitta de cette tâche; tout le monde admirait ce travail, c'était vraiment un chef-d'œuvre de couture! De son côté, François mettait à part presque tout l'argent qu'il gagnait; il ne se permettait pas la plus petite dépense afin de garder à sa Laurette le plus possible; tout ce qu'il voyait lui faisait envie pour elle; il aurait voulu la parer comme une châsse pour que tout le monde vînt l'adorer.

L'été se passa de cette sorte : Massard et Catherine vivaient en bonne intelligence depuis qu'ils ne se voyaient plus qu'une fois par semaine; aussi s'aimaient-ils plus que jamais. Dans une effusion de tendresse, Catherine dit à son mari qu'elle était bien fâchée d'avoir agi comme elle l'avait fait avec François et qu'il pouvait l'amener chez lui s'il le voulait.

— Il a bien d'autres chiens à peigner pour le quart-d'heure, répondit Massard, il est tout à ses amours; après le mariage ce sera différent; pour lors nous verrons si les femmes peuvent s'arranger ensemble, comme que j'en doute, parce que vois-tu, Catherine, t'es trop jalouse! elle est gentille au moins la petite mère et puis c'est tout jeune, ça ne te va pas.

— On ne te demande pas cela: reprit Catherine avec humeur, tu as toujours des choses désagréables à me dire.

On était à la moitié d'octobre : les travaux tiraient à leur fin ; l'heureux François voyait arriver le terme de sa souffrance, car l'attente le faisait mourir à petit feu. Depuis une quinzaine de jours Massard travaillait à creuser un puits dont il ne pouvait trouver le fond ; il était cependant parvenu à une excavation considérable lorsque François qui venait de terminer d'autres travaux lui fut adjoint : grande joie pour les deux amis ; ils pourraient du moins causer à leur aise, étant tout-à-fait seuls en bas, ce qui leur avait été interdit depuis assez longtemps. François ne manqua pas d'entamer son sujet favori. C'etait Mam'zelle Laurette par-ci, mam'zelle Laurette par-là ; elle avait fait ceci, elle avait dit cela. Le bon Massard écoutait avec complaisance, se rappelant fort bien qu'il avait été de même une dixaine d'années plus tôt et que pour avoir été moins sentimental, il n'en était pas plus raisonable.

Un samedi matin, nos deux maçons travaillaient gaîment en pensant au dimanche; ils frappaient vigoureusement une pierre plus dure que tout le reste, lorsque tout-à-coup, une horrible avalanche eût lieu vers le haut du puits. Un amas considérable de matériaux s'écroula avec fracas et nos deux malheureux amis furent engloutis sous les décombres avant d'avoir pu jeter un cri. Les pierres, dans leur chute, avaient séparé Massard de François et par un hasard extraordinaire, ce dernier, seulement étourdi, revint à lui et put soulever assez facilement les débris qui le couvraient : un gros quartier de roche tombé en travers s'était accroché dans la demi-largeur du puits et retenait comme par miracle, une masse énorme de débris au-dessus du jeune ouvrier. Ses jambes et son corps étaient si fortement comprimés qu'il ne pouvait bouger, mais sa tête se trouvait libre sous la pierre protectrice. Dès qu'il eut repris connaissance, il vit avec horreur la position dans laquelle il se trouvait : bientôt son ami lui revint à l'esprit; il l'appela à grand cris avec l'accent du plus affreux désespoir. Au bout de quelques minutes de sourds gémissements se firent entendre. François alors fit des efforts incroyables pour remuer les bras etdéblayer un peu, du côté d'où partaient les sons. Après un travail opiniâtre et qui n'était pas sans danger, le jeune maçon parvint à débarrasser la tête de son compagnon. Il redoubla d'activité et fut pleinement récompensé de son zèle en entendant Massard dire d'une voix presque éteinte :

— Ah ! je respire !

— Du courage, s'écria François; Massard ! mon ami, mon père !... tâchez de vous aider un peu, moi je vais appeler de toute mes forces jusqu'à ce qu'on vienne à notre secours : il se mit en effet à crier bien haut, mais aucun bruit ne se fit entendre.

— Hélas, dit le pauvre Massard, je sens que j'étouffe.

François recommença ses cris avec une rage impossible à décrire, puis il s'adressait à son ami.

—Père Massard, lui disait-il, parlez-moi, je vous en prie, que j'entende votre voix, cela m'anime et m'empêche de sentir le mal que me font mes mains, tenez tournez-vous par ici, repoussez tout cela de mon côté ; alors vous serez à ma place qni est meilleure que la vôtre.

— Mais je te tuerais, mon pauvre garçon, répondit Massard.

— Qu'est-ce que cela fait donc, répliqua le jeune homme, je ne suis pas père de fammille, moi !.. Allons ! ferme, du courage, secondez mes efforts ; songez à votre femme et à vos petits enfants.

— Hélas ! dit Massard en fondant en larmes, je ne les verrai plus ; je vais mourir ici, et mes pauvres enfants tomberont dans la misère ou seront mis à l'hôpital !...

Un torrent de larmes suffoqua le malheureux père à cette pensée déchirante ; sentant ses forces diminuer, il ajouta d'un accent à peine intelligible :

— Mon bon François, je sens que tout est fini pour moi, et que les secours arriveront trop tard pour me sauver; si tu me survis, je te charge de porter à ma femme ma montre que voici et 4 ou 5 francs que j'ai dans mon gousset avec ce qu'on me doit de la quinzaine;... dis lui que je lui demande pardon des chagrins que j'ai pu lui causer et que je meurs en l'aimant de tout mon cœur ainsi que mes chers enfants dont la misère fait le supplice de mes derniers moments!

— Pour ce qui est de ça, dit François d'un ton solennel, vous pouvez mourir tranquille, car si je vis, vos enfants auront un père! je le jure à vous qui êtes mon ami, mon bienfaiteur, et à Dieu qui tient ma vie entre ses mains!

— Merçi mon François, répliqua Massard, je compte sur toi et je meurs moins malheureux; dis encore à ma Catherine.....

Ici sa voix s'éteignit, un sourd gémissement se fit entendre puis un silence effrayant lui succéda. François, dans un horrible angoisse, appela de nouveau son ami, son cher protecteur... point de réponse,... rien; le calme absolu de la mort; il comprit enfin qu'il était seul avec un cadavre. Pendant quelques instants le découragement de François fut tel que le trépas ne l'effraya plus; il resta sans mouvement et ferma les yeux pour attendre plus patiemment ce qu'il plairait à la Providence de faire en sa faveur. Une réflexion subite lui rendit toute son énergie ; il pensa que peut-être Massard vivait encore, mais que le manque de respiration engourdissait ses sens et mettait ses jours en péril.

Oh ! mon Dieu ! s'écriait-il, si je pouvais seulement lui faire parvenir un peu de cet air que je respire et qui me fait tant de bien.

A l'instant il se remit à l'œuvre en désespéré : ses ongles arrachés, ses mains toutes déchirées, ne peuvent ralentir son ardeur. Son travail toutefois avance peu ; car à mesure qu'il ôte quelques pierres, d'autres tombent à leur place ; n'importe, il continue avec acharnement sans comprendre seulement l'inutilité de ses efforts. Au milieu de cette tâche, digne des Danaïdes, François croit entendre du bruit au-dessus de sa tête : peu à peu les sons augmentent d'intensité, et bientôt il distingue des clameurs et le mouvement de beaucoup de monde occupé sans doute à déblayer le puits. Pendant huit mortelles heures que dura le travail extérieur, François ne s'arrêta pas un moment, l'espoir de sauver son ami lui donnait des forces surnaturelles : il parvint à le débarrasser entièrement, et lorsqu'enfin on aperçut les deux infortunés, ils étaient réunis et semblaient se tenir fortement embrassés. On les transporta à l'air et tous les secours leur furent prodigués ; mais un seul vivait encore?... c'était François!

On le transporta tout meurtri dans une maison du voisinage, où les soins les plus empressés lui furent prodigués : une fièvre ardente accompagnée d'un affreux délire le retinrent plusieurs jours au lit ; dans son transport il appelait Massard à grands cris, le suppliait de ne pas mourir, de vivre pour son pauvre François, pour ses chers enfants!... Une autre fois il s'adressait à Laurette, lui disait adieu pour toujours et tombait dans un désespoir plus déchirant encore que pendant l'accès qui l'avait précédé. La force de la jeunesse l'emporta enfin. François reprit avec la santé, la connaissance exacte de sa position. Lorsqu'il put marcher, il demanda ce qu'on avait fait du corps de son malheureux ami. Le cimetière lui fut indiqué; il s'y rendit aussitôt, s'agenouilla près de la place où ses restes avaient été déposés, pleura longtemps en silence, puis se leva avec effort et dit à haute voix :

— Adieu, Massard, adieu mon protectecteur, mon unique ami, repose en paix!

François va remplir la promesse qu'il l'a faite.

Notre jeune maçon se rendit le soir même à Paris au logement de Catherine. La porte était entr'ouverte : il s'arrêta sur le seuil et regarda dans la chambre. La pauvre veuve était assise près d'une table sur laquelle se voyaient des restes de pommes de terre cuites à l'eau, débris du souper de la famille. Un petit enfant dormait dans ses bras, trois autres étaient à genoux autour d'elle récitant leurs prières.

— Maintenant, dit Catherine à l'aîné de ses fils, priez le bon Dieu pour votre père; promettez-lui d'être sage et de bien travailler.

— Je le promets, répondit l'enfant, à condition que tu ne pleureras pas tant, car cela me fait trop de peine!

Et le visage de la pauvre mère se couvrit de larmes : les souffrances de l'ame étaient empreintes sur sa figure pâle et amaigrie. Elle se pencha sur l'enfant qu'elle tenait pour dérober aux autres les traces de son profond chagrin. En ce moment François poussa doucement la porte pour entrer. Catherine le reconnut, se leva avec colère et lui demanda d'un ton animé ce qu'il venait faire chez elle.

— Si j'y viens, répondit François avec fermeté, c'est que j'en ai le droit : sachez donc, madame Massard, que c'est moi que j'suis l'héritier du défunt.

— C'est donc pour ça que tu y as volé sa montre, réplique Catherine plus furieuse que jamais ; car lorsque je l'ai réclamée pour donner du pain à mes malheureux orphelins on m'a répondu qu'elle était en ta possession.

— Doucement s'il vous plaît, madame Massard, ne nous fâchons pas, dit le maçon avec calme, la v'la cette montre qui m'a été confiée en effet par le pauvre défunt afin qu'elle vous fût plus sûrement remise; pour ce qui est de l'héritage, c'est des enfants qu'il s'agit : le défunt donc me les a légués et je les prends ; de ce moment je deviens le fils aîné de la maison, toujours d'après l'ordre du défunt : voila 100 écus que je possède et qui serviront à payer mon installation chez vous. Maintenant criez, jurez, battez-moi si vous voulez, je ne bouge pas.

En disant ces mots, François s'assit, prit

deux des enfants sur ses genoux, le troisième sur sa poitrine et se fit, pour ainsi dire un rempart de leurs corps. Catherine à son tour se précipite dans ses bras, car elle a enfin deviné son généreux dévoûment : leurs larmes, leurs sanglots se confondent.

— Oh! divine Providence, s'écria Catherine, je te rends grâces.

Quelques jours après, la veuve Massard réfléchit au sacrifice immense que lui faisait François dont elle connaissait l'amour et les espérances; elle voulut lui en parler.

— Silence! répondit celui-ci, ne vous inquiétez pas de cela, ce sont mes affaires avec le défunt, ne vous en mêlez pas.

Cependant Catherine inquiète de ce qu'avait pu faire le jeune maçon au sujet de

Laurette, se rendit un jour auprès du père Bernard : elle y apprit que le lendemain de son arrivée à Paris, François avait adressé à sa fiancée une lettre ainsi conçue :

« Mam'zelle Laurette, vous serez bien étonnée lorsque vous apprendrez que, malgré ma tendresse pour vous qui est extrême, je ne vous épouse plus. Hélas ! ce n'est que trop vrai, depuis le samedi 20 octobre je suis devenu père de quatre enfants, ce qui me fait renoncer à l'espoir d'en faire d'autres. Mariez-vous, mam'zelle ; car vous êtes trop jolie et trop bonne pour rester fille ; oubliez-moi comme si j'étais mort ce fatal jour ; mais croyez que tant que je vivrai vous aurez en moi un fidèle et dévoué serviteur, qui vous aimera toujours. François BOIRIOT. »

Le père Bernard dit à Catherine qu'il s'était bien gardé de montrer cette lettre à sa fille; qu'il lui avait fait croire au contraire que c'était par inconstance que le jeune maçon se tenait éloigné. Il ajouta que son intention était de marier Laurette le plus tôt possible afin de terminer cette désagréable aventure.

Catherine retourna chez elle désolée : vingt fois elle fut sur le point de découvrir à François le mensonge dont il allait devenir victime; mais l'intérêt de ses chers enfants la retint : cette bonne femme renferma dans son cœur son indignation contre l'aubergiste, et son admiration pour le fils du maçon. L'intérieur de la famille Massard était bien triste depuis la mort prématurée de son chef : plus de chants, de gaîté même parmi les enfants qui demandaient sans cesse leur bon père, et ne pouvaient comprendre ce qu'il était devenu. Catherine mettait la plus stricte économie dans ses dépenses, il semblait qu'elle eût une certaine répugnance à employer l'argent qui coûtait le bonheur à quelqu'un. François pourtant ne se plaignait jamais ; il fuyait au contraire toute conversation à ce sujet. Cependant il était facile de lire sur son visage l'affreux désespoir qui lui torturait l'ame, sans cesse au travail, il ne connaissait ni fêtes ni dimanches et rapportait à Catherine le produit de cet opiniâtre labeur. Ses soirées se passaient à jouer avec les enfants, surtout avec son filleul, auquel il montrait à écrire et qu'il paraissait aimer tendrement. Jamais on ne vit une plus entière abnégation de soi-même; pas un soupir ne trahit sa douleur, le sacrifice était complet. Catherine admirait en silence ce martyr de la reconnaissance et priait tout bas le ciel pour qu'un de ses fils au moins lui ressemblât.

Un jour on frappa quatre coups à la porte de la rue. La veuve Massard se mit à la fenêtre et vit le facteur qui lui montrait une lettre. Persuadée qu'il se trompait, elle descendit en gromelant; la lettre était bien pour elle. Son ancienne maîtresse, de retour d'un voyage, avait appris par hasard le malheur qui était arrivé à Catherine pendant son absence, et elle écrivit aussitôt pour engager cette mère de famille à venir la voir.

— Je puis, lui disait-elle, vous aider de ma bourse, mais plus encore de mon influence; car je suis dame de charité et membre de plusieurs sociétés de bienfaisance;

venez donc avec confiance me parler de vos chagrins et surtout de vos besoins.

Catherine s'empressa de se rendre chez cette nouvelle protectrice, non pour se soustraire à la générosité de François, car c'eût été l'outrager, mais pour parler de lui, de sa belle conduite. Aussi ne manqua t-elle point de raconter de point en point comment François, orphelin, fut recueili par Massard, comment ensuite, par une injustice qu'elle se reprochait amèrement, le pauvre enfant demeura sans asile et comment enfin, par un dévoûment sublime, François âgé de vingt-un ans, renonçant aux douceurs d'un mariage prêt à se conclure et dont dépendait son bonheur, avait consacré son existance entière à la veuve et aux orphelins de son malheureux ami.

Ce récit fait avec l'exaltation de la plus vive reconnaissance produisit sur l'auditoire une grande sentation : deux messieurs qui se trouvaient là, en causèrent beaucoup avec la maîtresse de la maison, puis ils sortirent en disant à Catherine qu'elle aurait bientôt de leurs nouvelles. Celle-ci ne s'en inquiéta guerre et continua sa conversation. Lorsqu'elle fut sur le point de s'en aller, la charitable dame voulut lui donner 200 francs pour parer aux pressants besoins qu'elle pouvait avoir.

— Des besoins, lui dit Catherine, je n'en n'ai aucun. François, il est vrai ne gagne que 4 francs par jour, mais il travaille fêtes et dimanches et ne distrait pas un sou de sa quinzaine, ce qui fait que je suis bien plus à l'aise qu'avec le pauvre défunt auquel je n'avais jamais pu faire entendre raison relativement aux petits verres et aux canons, hors cela c'était un si brave homme! et qui n'avait pas un défaut : aussi je me reproche tous les jours de l'avoir tant grondé à ce sujet.

Et la pauvre veuve se mit à pleurer amèrement.

De retour dans son ménage, Catherine se sentit soulagée : son cœur était moins oppressé depuis qu'elle avait parlé de ses malheurs et surtout de la générosité surhumaine de son François qu'elle chérissait et vénérait comme un être envoyé du ciel. Souvent elle le regardait attentivement pour voir si elle ne découvrirait pas quelque chose de divin sur cette belle figure où le calme de la vertu brillait comme une auréole. François n'était pas heureux, mais entièrement résigné, la pureté de sa conscience faisait sa consolation. De temps en temps un léger nuage passait sur son angélique visage; on devinait à la contraction de son front qu'un souvenir cuisant froissait son cœur; alors il se levait, appelait les enfants Massard, s'occupait d'eux, s'en entourait, les caressait convulsivement et finissait toujours par triompher de l'idée étrangère qui était venue troubler la sérénité de ce front, siége de toutes les vertus.

Catherine s'était bien gardée de parler à François de sa visite chez ses anciens maîtres. Elle lui laissa ignorer aussi qu'elle en avait reçu une nouvelle missive pour avoir à y retourner encore. Il s'agissait cette fois de raconter devant cinq ou six personnes l'histoire de Massard et de François. Catherine ne se fit pas prier, elle en retraça les circonstances jusque dans les plus petits détails et finit par dire que ce qui la chagrinait le plus, c'était de n'avoir pu désabuser Laurette qui devait être bien malheureuse. Une chose intrigua beaucoup notre bonne veuve cette fois, c'est que pendant qu'elle parlait un des hommes qui se trouvait là, écrivait continuellement. Lors qu'elle eut cessé sa narration, le personnage écrivant lui demanda de signer un papier en lui expliquant, toutefois, que ce papier contenait la relation des faits par elle énoncés. Catherine qui crut que l'on doutait de sa véracité, dit vivement :

— Je le signerais de mon sang.

En même temps, elle plaça son nom au bas de l'écriture; ensuite elle se retira un peu surprise de ce qui venait de lui arriver, y pensa deux ou trois jours puis oublia complètement ce petit incident.

Un mois s'était écoulé depuis l'espèce d'inquisition qu'avait subie Catherine, lorsqu'un jour deux messieurs, vêtus de noir avec des broderies bleue-tendre à leur habit et portant le chapeau français, se présentèrent chez elle; ils demandèrent le fils Boiriot.

— Il est au bâtiment, répondit-elle, mais, tenez, c'est tout près d'ici au bout de la rue à droite.

—Conduisez-nous, je vous prie, demanda un des étrangers.

Catherine aussitôt leur montra le chemin en passant devant eux. François quitta la truelle pour venir voir ce qu'on lui voulait.

— Jeune homme, dit d'un ton grave le

plus âgé des deux inconnus, nous sommes envoyés par le comité chargé de la répartition des munificences d'un homme de bien. Ce comité, ayant appris votre honorable conduite à l'occasion de la mort d'un de vos camarades, nous a donné l'ordre de vous amener près de lui pour vous en féliciter publiquement et suivre les intentions philanthropiques de l'illustre Monthyon, en vous faisant participer à ses dons. Tenez-vous prêt à paraître demain devant l'Académie rassemblée, afin de recevoir par ses mains le prix dû à vos vertus : nous viendrons vous prendre à midi.

Le jeune Boiriot ouvrait de grands yeux, écoutait de toutes ses oreilles et ne comprenait pas un mot de ce qu'on était venu lui annoncer : le brave garçon n'avait jamais ouï nommer le célèbre *Monthyon*, et ne se doutait nullement de ce que c'était que l'*Académie*. Catherine, qui avait reconnu la figure d'un des commissaires pour l'avoir vu chez sa maîtresse, ne douta pas qu'il ne s'agît de quelque chose d'avantageux pour son François; aussi employa-t-elle le reste du jour à préparer sa toilette : elle aurait voulu le rendre beau à tous les yeux comme il était aux siens. Cette bonne femme apprêta aussi sa propre parure, laquelle n'avait pas quitté le tiroir depuis plus de deux ans qu'elle avait perdu son mari. Toujours vêtue de deuil, à partir de cette fatale époque, il ne fallait rien moins que cette circonstance pour le lui faire quitter; mais le deuil pour n'être plus extérieur n'en demeura pas moins dans le cœur de l'inconsolable veuve. Le lendemain à onze heures, François et Catherine étaient prêts à se laisser conduire à la cérémonie indiquée. Ils attendirent une heure appuyés sur la barre de la fenêtre : à midi précis une voiture s'arrêta, ils montèrent dedans et disparurent aux regards des curieux de leur quartier qui applaudissaient à leur bonne fortune et les suivaient de leurs bénédictions.

Arrivés au palais de l'Institut, François fut conduit dans la grande salle des séances publiques, et placé au milieu d'un cercle immense en profondeur de personnes, qui toutes le regardaient avec une vive curiosité, ce qui le gêna tellement qu'il baissa la tête sans regarder ce qui se passait autour de lui.

Catherine plus aguerrie s'habitua peu à peu à ce monde qui d'abord l'avait éblouie, elle se crut dans une salle de spectacle. En regardant aux tribunes, ses yeux y découvrirent son ancienne maîtresse qui aussitôt lui fit des signes d'intelligence auxquels elle répondit sans les comprendre. Un peu plus loin, elle vit aussi le père et la mère Bernard, tous deux lui sourirent avec satisfaction et bonheur, ce qui ne débrouilla pas encore le chaos que tout ceci occasionnait dans la tête de Catherine. Sur ces entrefaites, un des trois membres de l'Académie, assis au bureau du président, se leva un rouleau de papier à la main. Après un discours préliminaire sur le fondateur, il ouvrit son manuscrit et lut à haute voix : à mesure qu'il avançait dans le narré des événements, François se sentait plus ému ; car c'était sa propre histoire qui se débitait ainsi. Sans se rendre compte du motif de cette singulière confidence et tout entier à l'impression que ce récit faisait sur lui, François fondit en larmes à l'endroit où il fut question de la mort de son père ; lorsqu'arriva la relation de la fin non moins fatale de son ami, de celui qui, si longtemps fut le confident de ses plus secrètes pensées, François ne put plus retenir ses sanglots, et la séance fut un instant suspendue. Enfin ses amours avec la jolie Laurette furent aussi racontés sans que François ouvrît la bouche: seulement il se leva avec indignation lorsqu'il apprit qu'on avait indignement trompé sa bien-aimée.

— C'est infâme, s'écria-t-il, et si je l'avais su, le père Bernard, tout son père qu'il est, aurait eu affaire à moi... Ce qui me console, ajouta-t-il d'un ton plus doux et en se rassayant, c'est que mam'zelle Laurette n'aura pas cru que je ne l'aimais plus ; elle connaissait trop bien mon attachement pour n'avoir pas vu là-dessous quelque machination.

Il se tut.-De vifs applaudissements partirent de tous les coins de la salle ce qui interdit considérablement le jeune maçon. Quand le calme fut rétabli, le sécrétaire reprit :

— Notre candidat a parfaitement raison, son cœur ne l'a pas induit en erreur, l'intéressante Laurette, fidèle à ses premiers serments, refusa avec opiniâtreté tous les partis qui se présentèrent, quelque avantageux qu'ils fussent, répondant à son père, que tant que François ne lui aurait pas dit lui-même : *mam'zelle je n' vous aime plus et j'en épouse une autre*, ce sont ses propres paroles, *elle ne croirait pas à son inconstance.*

C'est ainsi que cette jeune fille persista dans ses sentiments tout en gardant vis-à-vis de ses parents le respect qui leur était dû, puisque pendant plus de deux ans qu'a duré cette cruelle épreuve, elle n'a tenté aucune démarche contraire à son devoir pour se convaincre de la vérité. Après tous les renseignements que nous avons recueillis à ce sujet, il nous paraît démontré que la jeune Laurette est digne, sous tous les rapports, de celui dont nous venons d'exposer devant vous l'admirable conduite, c'est pourquoi, voulant récompenser la vertu dans ce qu'elle a de plus sublime, le sacrifice d'un amour réel, nous avons amené du consentement de sa famille, la jeune

Laurette dans cette enceinte : c'est elle que nous chargeons de couronner la vertu et de récompenser un des plus beaux actes de dévoûment que nous ayons encore eus à vous soumettre.

La phrase n'était pas achevée que François et Laurette se tenaient étroitement embrassés : ils s'étaient aperçus, l'univers avait disparu à leurs yeux. De bruyants applaudissements, des bravos prolongés les tirèrent enfin de leur extase. Tous les assistants étaient debout pour les voir, ce qui fit une si forte impression sur leurs sens que tous deux se trouvèrent presque mal, léger incident qui angmenta encore l'intérêt inspiré par les héros de ce drame improvisé. Le prix de vertu de 6,000 francs fut solennellement décerné à François qui obtint aussi, séance tenante, la main de sa chère Laurette.

Catherine ne se sentait pas d'aise; elle riait, pleurait à la fois, embrassait François et Laurette en les nommant tous deux ses enfants. Tout-à-coup l'idée qu'elle en avait d'autres lui revint, mais son ancienne maîtresse, qui ne l'avait pas quittée des yeux et qui avait été la cheville ouvrière de cet heureux dénoûment, s'apercevant de ce qui se passait dans l'ame de cette brave femme s'approcha d'elle et lui dit à l'oreille avec bonté :

— Je place les trois aînés et je me charge de la pension du quatrième.

Il y eut encore une noce, des fiacres, de la joie à la barrière du Maine; puis on y remarqua un joli cabaret tout neuf, ayant pour enseigne : *A la Vertu-Couronnée*. C'était un tableau assez bien peint, représentant un jeune maçon à genoux devant une nombreuse assemblée et recevant une couronne des mains d'une jeune fille. La singularité de l'enseigne et plus encore la bonne foi de ceux qui tenaient ce cabaret y attirèrent la vogue, si bien que cette maison est devenue l'une des auberges les plus lucratives et les mieux tenues de toute la banlieue.

FIN.

UN BON FRÈRE.

III

Au milieu des échelles de Savoie, sur les bords riants de l'Isère, est situé le joli bourg de Vizille, remarquable par l'aisance et le nombre de ses habitants. Sa belle position, dans la vallée, la fertilité de ses environs l'ont rendu l'un des plus agréables du canton. Aussi voit-on çà et là de belles maisons de campagne occupées l'été seulement par les riches désœuvrés des provinces voisines. En admirant l'élégance et le bon goût de ces pittoresques demeures, on aperçoit avec étonnement une chétive cabane dont la situation fait tout le charme. Bâtie à mi-côte, elle domine la perspective; entourée d'un petit plateau qui semble fait pour elle, on dirait que c'est la Providence qui l'a construite : un agreste verger la cerne de tous côtés, et son état sauvage la ferait croire inhabitée si une légère fumée sortant de son unique cheminée, n'attestait la présence de l'homme dans cette humble résidence.

Dès que l'aube du jour blanchit les hautes montagnes de la Savoie, la porte de ce solitaire asile s'ouvre doucement; une jeune paysane de vingt-quatre à vingt-cinq ans sort avec précaution, ferme soigneusement puis met dans son sein la clef de son réduit comme si quelque trésor y restait caché; elle place ensuite sur sa tête un vase qu'à sa forme et à son poids on suppose plein de lait : une main sur sa hanche et l'autre soutenant son fardeau, elle descend rapidement la montagne dont les sentiers lui paraissent bien familiers. Deux heures plus tard, les mêmes sentiers sont parcourus par la même jeune femme; le pot semble plus léger et malgré d'assez lourdes provisions, remplissant son tablier, elle marche encore plus vite qu'au départ; plus elle approche du gîte et plus elle presse le pas; ses joues sont fortement colorées, son sein se soulève avec violence et c'est toute haletante qu'elle parvient au plateau ci-dessus mentionné.

C'est encore avec la plus grande précaution que la matinale villageoise ouvre la porte de sa demeure; son oreille attentive écoute depuis un moment, mais aucun son n'ayant interrompu le silence de la montagne, elle entre sur la pointe du pied, respirant à peine.

Il n'est voyageur qui, témoin par hasard de cette scène matinale, n'ait interrogé les gens du voisinage sur la jolie laitière de la montagne, car elle joignait à une extrême propreté, une beauté peu commune... C'est Madelaine, répondait-on, la veuve de Joseph Fyon, mort l'an passé en eherchant à sauver de l'Isère un jeune fou qui s'y était précipité par amonr. Malheureusement le courant était si rapide que, bien que Joseph

Fyon passât pour le meilleur nageur de la contrée, il fut entraîné ainsi que le jeune homme qu'il avait rattrapé et qu'il ne voulut pas abandonner; tous deux périrent au milieu des flots. Voilà comment Madelaine perdit à vingt-quatre ans un mari qu'elle adorait et dont elle avait deux enfants.

Les parents du jeune étourdi qui causa cet affreux accident firent ce qu'ils purent pour la pauvre veuve. N'ayant pas assez de fortune pour subvenir à ses besoins ainsi qu'à ceux de ses deux garçons, ils lui donnèrent la cabane que vous voyez avec le verger qui l'entoure, lui achetèrent une vache, une chèvre et quelques volailles, puis la remirent à la garde de Dieu qui n'a point abandonné cette honnête et laborieuse femme. Le lait qu'elle vend à la ville, le produit de son verger et de sa basse-cour suffisent à l'entretien de Madelaine et de ses deux enfants, sa bonne conduite lui concilie l'estime genérale et l'a rendue l'exemple des jeunes mères comme elle avait été celui des jeunes épouses de la vallée.

Madelaine, en effet, ne vit que pour ses enfants : c'est afin de leur procurer quelques douceurs qu'elle travaille tout le jour, soit dans son jardin, soit à faire de l'herbe sur la montagne. Après une journée si fatigante, elle dort à peine dans la crainte de ne pas se réveiller assez à temps pour aller vendre le lait dont le produit lui est si nécessaire! Son cœur se comprime lorsqu'elle quitte ses chers enfants et ce n'est qu'au retour, lorsqu'elle les a retrouvés profondément endormis dans les bras l'un de l'autre, que cette tendre mère respire librement. Sa vie, son univers sont dans cette rustique demeure. Quand ses deux fils bondissent gaîment sur le gazon avec le jeune chevreau qu'ils ont pour compagnon, rien n'égale le bonheur de Madelaine. Elle oublie au milieu de leurs caresses, jusqu'au coup affreux qui leur enleva leur père, tant est fort l'amour maternel!

Joseph, l'aîné des fils de Madelaine, vient d'accomplir sa sizième année : plus grand que les enfants de son âge, il est svelte et bien proportionné; sa physionomie est sévère, ses traits sont d'une parfaite régularité; son caractère est méditatif et posé.

Georget n'a que deux ans; mais il est sans contredit le plus gros et le plus bel enfant de toute la contrée, blanc, rose, riant et pleurant en même temps, il fait la joie, l'orgueil de sa mère et l'envie de toutes celles des environs.

Quand le dimanche Madelaine mène ses enfants à la messe, c'est à qui embrassera Georget, on ne peut assez le regarder tant ses petites mines sont drôles! aussi le comble-t-on de présents, tandis que son frère reste silencieux auprès de sa mère qui lui presse involontairement la main, comme pour le dédommager de l'espèce d'injustice dont il est victime.

Au retour à la chaumière, les galettes, les fruits et autres friandises, dont on a fait hommage au petit Georget, sont soigneusement partagés entre les deux frères; souvent même Madelaine donne tout à l'aîné afin qu'il en dispose à sa fantaisie. Dans ce cas, ce n'est jamais sans attendrissement qu'elle voit Joseph choisir ce qu'il y a de mieux pour Georget.

— Pauvre enfant, dit alors Madelaine en l'embrassant, tu n'as donc pas un défaut; c'est absolument comme ton père; il t'a légué son ame avec sa figure et chaque fois que je te regarde, il me semble le voir.

D'abondantes larmes coulaient alors sur les beaux cheveux châtains de Joseph qui pleurait aussi, car il avait connu son père et comprenait bien qu'il ne le reverrait jamais.

Joseph et Georget se développaient à vue d'œil; l'un, toujours sérieux, attentif et adroit, aidait sa mère dans les plus minutieux détails du ménage; l'autre, désobéissant, capricieux, volontaire et gourmand, commençait à donner de sérieuses inquiétudes à Madelaine. Les besoins croissant avec les années, c'était avec peine que chaque jour apportait son pain.

. . . .

Un soir d'hiver, Madelaine ayant couché ses enfants plus tôt que de coutume, se mit à filer près du brasier qui donnait encore un peu de clarté. De tristes réflexions vinrent l'assaillir; un malaise qu'elle ressentait dans les membres lui faisait appréhender une maladie. « Que deviendraient mes pauvres enfants? s'écria-t-elle, si je tombais malade. » De grosses larmes ruisselèrent sur ses joues et s'y fixèrent; sa quenouille resta immobile, car cette horrible pensée avait glacé son cœur. Bientôt elle se jeta à genoux à la place même qu'elle occupait et fit au ciel une fervente prière : en se relevant elle aperçut

Joseph qui, à genoux aussi sur son lit, priait en silence.

— Que fais-tu, mon ami, dit Madelaine, tu ne dors donc pas?

— Puis-je dormir, répondit l'enfant, puisque tu pleures! j'ai pleuré d'abord, puis lorsque tu as prié, j'ai prié et j'ai demandé à Dieu de t'accorder ce que tu désires!

Madelaine prit son fils dans ses bras, le pressa fortement contre sa poitrine et ne sentit plus que le bonheur d'être mère.

Après cette effusion, Joseph dit à Madelaine :

— Écoute, maman, mon frère dort, causons! aussi bien, il y a longtemps que je veux te parler. Je ne suis plus un enfant, je vais avoir dix ans ; je suis fort, bien portant, pourquoi ne ferais-je pas comme le fils Blondeau et les deux petits Julien? ils sont partis l'an passé pour une grande ville qu'on appelle Paris et dont tout le monde dit des choses extraordinaires. L'un de ces enfants a envoyé l'autre jour à son père quatre grosses pièces d'argent toutes neuves. Hier la mère Blondeau a reçu de son garçon une superbe robe et deux fichus, que tout le pays a été voir tant c'est beau ! Que ne fais-je de même? ils n'en savaient pas plus que moi ; ils ramonent, je ramonerai ; comme eux je t'enverrai de l'argent, des robes, des fichus, enfin tout ce qu'il y a de beau à Paris.

—Hélas ! dit Madelaine en pleurant, j'y avais déjà pensé, mais me séparer de toi, t'envoyer dans une si grande ville, si loin de ton pays!... de ta mère!...

— Je reviendrai, dit Joseph en essuyant par ses baisers les larmes de Madelaine; on dit qu'on ne travaille à Paris que l'hiver, eh bien! je passerai l'été ici à t'aider dans le ménage.

— Le ciel te protégera, dit Madelaine, car ton cœur est pur comme lui! Couchons-nous, mon enfant, demain nous causerons plus à loisir.

Joseph obéit : pour la première fois de sa vie, pourtant, il ne put fermer sa paupière : il se transportait en imagination dans cette fameuse ville, y gagnait de l'argent, faisait des petits paquets de belles pièces neuves qu'il mettait dans ses poches, reprenait le chemin des montagnes, arrivait le soir, frappait longtemps sans parler, se nommait enfin et tombait dans les bras de sa mère, aux pieds de laquelle il déposait tous ses présents.

Les rêves de Madelaine furent d'une toute autre nature : elle voyait son fils sur cette longue route, mourant de faim et de lassitude, appelant en vain sa mère à son secours, n'ayant pour appui que le ciel, pour protecteur que Dieu. Mais ce Dieu juste et bon n'abandonnera pas l'innocence, il guidera les pas incertains de ce fils bien-aimé, qui brave tous les dangers pour secourir sa mère et soutenir son jeune frère.

Forte de cette inspiration, Madelaine se lève avec le jour. Joseph se jette aussi à bas du lit et s'habille sans dire mot; puis il prend le pot de lait que sa mère vient de traire et s'achemine avec elle vers la ville : tous deux marchent en silence; la même pensée les préoccupe; mais ils n'osent aborder une seule parole relative à leurs craintes et à leurs espérances. Cependant, et sans en être convenus, tous deux s'arrêtent à la porte de la famille Blondeau; c'est là qu'ils entendront parler de ce Paris, but unique de toutes leurs idées.

La mère Blondeau se hâte d'étaler à leurs yeux la belle robe et les superbes fichus envoyés par son fils, qui pourtant n'est absent que depuis un an.

— Il gagne tout ce qu'il veut, dit la bonne femme, et ne parle de rien moins que d'acheter, d'ici à dix ans, la maison que nous habitons, estimée plus de 400 fr.;

il veut aussi marier ses sœurs, auxquelles il promet des robes de noce et à chacune une vache pour dot. Ce cher enfant! ajouta-t-elle en essuyant ses yeux avec le bord de son tablier, puissions-nous vivre assez pour voir tout cela! Il y a une chose qui me chagrine, continua la mère Blondeau, c'est de ne pouvoir lui répondre pour le remercier et l'encourager; car l'adresse qu'il nous donne est si singulière que personne ici n'a pu la lire, pas même M. le curé. Puis elle tira de son sein un mauvais papier sur lequel étaient griffonnés quelques mots illisibles pour des Savoyards.

Joseph se leva, prit le papier et dit vivement :

— Je me charge de porter de vos nouvelles à votre fils, car je pars dans huit jours pour Paris et j'aurai bien du malheur si je ne découvre celui qui se conduit si bien avec ses parents.

Toute la famille Blondeau lui sauta au cou et sans s'occuper des motifs de sa résolution on l'accabla de commissions de tous les genres.

— Préviens-le, dit le père, que nous comptons sur lui pour payer l'année de loyer arrivée, en attendant qu'il achète la maison.

— Prie-le, ajoutèrent les sœurs, de nous envoyer des robes de première communion avant celles de mariage.

— Embrasse-le pour moi, reprit la mère, et dis lui que je ne mettrai les belles choses dont il m'a fait cadeau qu'à son retour; riche ou pauvre ma joie sera la même, s'il est toujours honnête.

Madelaine ne disait rien et paraissait abîmée dans les plus sombres réflexions.

— Vous êtes bien triste, pauvre mère, lui dit en la tirant par le bras, la mère Blondeau. J'étais précisément comme vous il y a un an, et j'aurais, je crois, mangé mon homme lorsqu'il a envoyé notre petit en route; vous voyez pourtant que c'était pour son bien. Il faut aimer les enfants pour eux-mêmes; surtout quand, comme vous, on n'a plus de mari. Allons, courage, vos fils feront fortune par-là et reviendront après soutenir vos vieux jours. Je dis vos fils, car je suppose que Georget suivra son frère?

Cette idée n'était venue ni à Joseph ni à

Madelaine. Tous deux se regardèrent avec anxiété! après un moment d'hésitation, Joseph reprit :

— Sans doute j'enmène mon frère; il est bien jeune, mais ils disent tous qu'il faut de tout petits enfants pour monter dans les cheminées tant elles sont mal faites; d'ailleurs je serai avec lui et si quelqu'un lui faisait une égratignure, c'est qu'assurément je serais mort.

Madelaine sortit silencieusement pour aller débiter son lait. Pendant son absence, Joseph prit des informations sur le voyage et lorsque sa mère reparut les yeux rouges et la figure altérée, tout était arrêté dans sa petite tête.

— Sois sans inquiétude, dit-il à celle-ci,

lorsqu'ils furent seuls, je sais maintenant comment on fait pour aller à Paris et pour y gagner de l'argent; j'apprendrai bien aussi le moyen d'en revenir pour revoir sa bonne mère. Je meurs d'impatience d'être parti : je te supplie de hâter les petits préparatifs que tu croiras nécessaires.

Madelaine ne put répondre, car ses larmes la suffoquaient. Ni les caresses de son jeune fils, ni les protestations de Joseph ne purent calmer son désespoir et les huit jours qui suivirent furent employés à pleurer.

Joseph était morne et taciturne; Georget ne voyant qu'une partie de plaisir dans le voyage projeté, brisait à tout moment le cœur de sa mère par un : « Frère quand partons-nous ? »

Pendant cette courte semaine, Madelaine

avait amassé tout l'argent de son lait, ce qui, joint au produit de la vente de quelques poules, avait formé la somme de 7 fr. 15 sous. Les amis de Madelaine se réunirent aussi pour faire leur offrande aux jeunes voyageurs qui, le lundi suivant au point du jour, descendaient lentement la montagne, suivis de leur triste mère dont la marche chancelante trahissait la souffrance.

Arrivés au pied du haut rocher, qui si longtemps leur servit d'asile, tous trois s'arrêtèrent pour y jeter un dernier regard.

— Bénissez-nous, ma mère, dit Joseph, et recevez ici le serment que je fais de protéger mon frère tant que je vivrai et de suivre scrupuleusement les conseils que vous n'avez cessé de me donner.

Les deux enfants s'agenouillèrent devant

cette pauvre mère, qui eut à peine la force de leur tendre les bras en signe de bénédiction. Une vingtaine de personnes, qui vinrent à leur rencontre, mirent fin à cette scène déchirante; on s'empara de Madelaine qu'on entraîna de force dans une maison voisine, et le reste de la troupe entoura les enfants, afin de leur cacher l'état affreux de leur mère; on parlait tous à la fois pour les étourdir et couvrir les cris horribles que poussait la malheureuse veuve; on se dirigea ensuite vers une roche élevée, sur le sommet de laquelle on devait remettre à la Providence le sort des deux petits Savoyards.

Oh! qui pourrait exprimer les angoisses de Madelaine pendant cette journée! Et le soir lorsque, de retour à son logis solitaire, elle se vit seule au monde!... plus de Joseph pour l'aider dans les soins domestiques! plus de Georget pour égayer son intérieur et donner de la vie et du mouvement aux moindres détails. Un profond silence régnait dans la contrée; assise devant sa porte, elle cherche à découvrir quelque chose dans l'obscurité; quelquefois elle se lève, fait quelques pas, appelle de toutes ses forces... Joseph!... Georget!... L'écho même refuse à cette mère affligée la consolation de sa voix mystérieuse. D'affreux pressentiments torturent le cœur de la pauvre femme pendant toute cette nuit, où elle ne cesse de regarder sans voir, d'écouter sans entendre. Vers le matin, des voisines charitables vinrent à son secours; elles étaient mères, elles ne quittèrent plus Madelaine.

Pendant ce temps, nos voyageurs, parvenus en haut de la montagne qu'ils avaient en perspective, s'étaient arrêtés, ainsi que leurs compagnons, pour reprendre haleine et préparer le repas frugal dont chaque convive avait fait les frais. Joseph mangea peu, il regardait toujours en arrière, tandis que Georget dévorait à belles dents, ramassant même les débris du festin pour une autre occasion; après quoi les deux enfants, embrassés, caressés de tout le monde, le front mouillé de plus d'une larme, se remirent en marche, emportant la tendre affection et les regrets bien sincères de tous les honnêtes gens. Peu de voyageurs peuvent se vanter de posséder un tel bagage.

Sur les midi, Georget, qui n'avait fait que sauter et courir, se sentit fatigué : il le dit à son frère. Celui-ci promenant ses yeux au hasard, cherche le banc des malheureux. Une croix, à demi ruinée par le temps, s'of frit à ses regards; tous deux s'assirent à sa base. Joseph entoura son frère de ses bras, mit sa petite tête sur sa poitrine et le berça doucement : l'enfant s'endormit bientôt avec l'abandon de l'innocence; il avait six ans!...

L'attitude de Joseph était méditative, il tenait sur son cœur un être vivant dont il devenait le protecteur; mais lui-même était sans appui, sans ressource, possédant pour toute fortune 12 francs et quelques sous que les efforts de sa mère et l'amitié de ses concitoyens avaient eu bien de la peine à réunir : qu'allait-il devenir dans ce monde nouveau qu'il ne connaissait pas, dont il ne se faisait aucune idée? Comment subviendrait-il au besoin de chaque jour ? et sa mère que ferait-elle sans eux ? Les grands yeux noirs de Joseph se tournèrent alors vers le lieu de sa naissance, ils découvrirent dans le lointain, le toit maternel et se remplirent de grosses larmes :

— Oh ! combien nous sommes loin de ma mère, s'écria Joseph en poussant un profond soupir.

—Ma mère! répéta Georget que ce doux nom venait de réveiller, ma mère!. . où donc es-tu?

Joseph serra son frère dans ses bras avec un mouvement convulsif.

— Nous la reverrons mon frère, nous la reverrons un jour si Dieu le veut !

— Tout de suite, dit l'enfant, je veux embrasser maman.

— Sois sage mon petit ami, dit Joseph, viens avec moi gagner de l'argent pour elle, et sitôt que nous en aurons assez, nous reviendrons au logis pour ne la plus quitter.

— Tant mieux, dit Georget, car je m'ennuie bien de ne la plus voir.

Pauvre petit, une demi-journée s'est à peine écoulée et déjà tu pleures!

Joseph apaisa son frère en lui distribuant force galette, pommes, noisettes et autres provisions dont ses poches étaient remplies, puis ils continuèrent à marcher. A la fin du jour nos deux Savoyards se trouvant près d'une auberge, demandèrent à coucher. Intérrogé sur le but de leur course, Joseph répondit naïvement qu'ils allaient à Paris gagner de l'argent pour leur bonne mère. Émue de cette réponse, la maîtresse du cabaret les fit souper avec elle, caressa beaucoup le petit Georget, dont la jolie figure lui rappelait un fils qu'elle avait perdu, les fit coucher sur du foin bien sec, et remplit au départ le sac de voyage. Elle voulut aussi remettre une pièce de monnaie à Joseph qui la refusa en rougissant beaucoup.

— Ma mère, dit-il, m'a recommandé de travailler, mais non de mandier!

— Très bien! mon enfant, reprit la bonne aubergiste en déposant un baiser sur le front de Joseph, heureuse la mère d'un tel fils!

Encouragés par cette première couchée, nos deux petits Savoyards prirent confiance en la Providence, partout en effet ils trouvèrent bon visage et bon gîte. On aimait Georget pour sa grâce et sa gentillesse ; on admirait Joseph pour sa raison et surtout pour la tendre sollicitude qu'il avait vis-à-vis de son jeune frère. Jamais Joseph ne mangeait que Georget n'eût pris plus que son nécessaire ; si l'enfant jouait, l'aîné avait toujours les yeux sur lui de peur de quelque accident ; la nuit même il ne pouvait dormir qu'il ne tînt le petit corps de Georget dans ses bras, on aurait dit qu'il craignait qu'on ne le lui volât.

Un jour Georget en courant se laissa tomber et se blessa le pied. Il se mit à pleurer amèrement, ne voulut plus marcher, appela sa mère d'un accent qui fendit le cœur du sensible Joseph.

— Au nom du ciel ! calme-toi, lui dit ce

dernier, je vais te porter sur mon dos; prends seulement mon sac; ce qui fut exécuté à la grande satisfaction de Georget que son frère voitura de la sorte le reste de la journée.

Il y avait déjà près d'un mois que les pauvres petits marchaient et leur voyage n'était pas encore à moitié. Toujours des montagnes, puis des vallons, puis encore des montagnes derrière lesquelles se retrouvaient d'autres vallons. Leur courage commençait à faiblir quand ils arrivèrent enfin aux portes d'une grande ville qu'on leur dit être Lyon; la quantité de voitures et de piétons qu'ils virent sur la route les effraya et ce ne fut qu'en tremblant qu'ils franchirent le seuil d'une des portes. Il était onze heures du matin lorsque Joseph et Georget se trouvèrent sur le pont de la Guillotière.

Ils demeurèrent stupéfait devant le spectacle magique qui s'offrit à leurs regards : Le Rhône, la Saône, les quais, les ponts, les bateaux et jusqu'aux maisons ravissaient nos jeunes montagnards : ils étaient en extase devant ces merveilles. Pendant ce temps personne ne s'occupait d'eux : ils s'assirent sur les bords du Rhône pour le voir de plus près et y mangèrent le reste des offrandes qu'on leur avait faites en route; mais nul ne s'offrit à renouveler les provisions, et le sac demeura pour la première fois entièrement vide. Joseph était riche encore; car nous devons dire à la gloire de l'humanité que sa bourse de cuir était restée intacte. Aussi fût-ce avec peine qu'il l'ouvrit; mais Georget de sa douce voix avait dit :

— Frère, j'ai faim.

Et la main s'était acheminée d'elle-même vers le gousset. Joseph en avait tiré une pièce de monnaie qu'on avait prise en échange d'une livre de pain; voulant ajouter un peu de frommage et quelques pommes à leur souper, une autre pièce disparut; Joseph alors réfléchit : il vit bien que sa fortune serait bientôt anéantie, s'il se servait de son argent. C'est pourquoi, sans plus délibérer il résolut de travailler le plus tôt possible. « Pourquoi ne commencerais-je pas ici? se dit-il, il y a tant de monde dans cette ville, tant de cheminées que peut-être on m'occupera. » Rassuré par cette sage résolution, Joseph et son frère se blottirent dans un coin du quai de Perrache, et malgré le froid qu'il faisait, tous deux s'endormirent fondément. Joseph avait eu soin de couvrir son petit Georget du sac vide et de sa propre veste et de le prendre presque entièrement sur lui, ce qui les réchauffait mutuellement.

Les passants regardaient avec indifférence ce couple infortuné, quelques uns déposèrent près de lui une légère aumône et se crurent quittes envers l'humanité; pas un ne sentit son cœur saigner en songeant à la nuit froide et pluvieuse qui se préparait, pas un ne s'offrit à recueillir l'innocence. Oh! grandes villes, oh! sublime civilisation; voilà de vos œuvres!

Vers une heure du matin, une patrouille qui vint à passer, entrevit le groupe endormi. « Que font là ces petits vagabonds, dit le caporal, et il les éveilla brusquement.

Menons-les au corps-de-garde, ajouta-t-il; ils seront toujours mieux que sur le pavé par le temps qu'il fait. » Joseph fut effrayé d'abord; mais arrivé au poste, il vit avec plaisir un bon feu pour réchauffer les doigts glacés de son pauvre frère. Les soldats trouvèrent ce dernier si gentil qu'ils le firent boire et manger avec eux, après quoi ils le couchèrent sur le lit de camp, Joseph les remercia les larmes aux yeux, s'installa près de son frère, prit une des mains de Georget et rendit grâce à Dieu de cet asile providentiel.

Au point du jour l'officier du poste questionna Joseph : celui-ci répondit comme à l'ordinaire.

—Je me rends à Paris afin de nourrir mon frère et gagner de l'argent pour ma pauvre mère. Mais, Monsieur, je tremble de ne pouvoir conduire mon petit Georget si loin, et si je pouvais trouver de l'ouvrage dans cette ville où il y a tant de cheminées, je serais bien content; car je me trouverais plus près de maman pour lui envoyer ce que je gagnerais.

— C'est bien ça, petit, répondit l'officier, tu es un brave garçon, viens avec moi, je te payerai à déjeuner et puis je t'enseignerai un fumiste turinois de ma compagnie qui t'emploiera sur ma recommandation.

Joseph, au comble de la joie, baisa la main du généreux officier. Georget passa ses petits bras autour de sa cuisse pour lui témoigner sa reconnaissance, et tous trois entrèrent au café voisin. Après avoir avalé une tasse de lait, Joseph se saisit de l'adresse promise et courut avec son frère trouver l'homme qui devait les tirer d'embarras.

Leur attente ne fut pas trompée, le fumiste agréa la recommandation, offrit à Joseph de travailler pendant trois mois pour sa nourriture et celle de son frère, au bout duquel temps il pourrait gagner 5 sous par jour s'il était aussi intelligent qu'il en avait l'air. Le marché fut bientôt conclu, et nos petits Savoyards entrèrent de suite en fonctions. Quinze jours s'étaient à peine écoulés que Joseph, par son zèle, s'etait déjà rendu nécessaire au patron; attentif aux moindres conseils de son maître, il se mettait en quatre pour le contenter. Georget, au contraire, ne faisait qu'avec répugnance tout ce qui ressemblait à de l'ouvrage. Le fumiste voulut le gronder pour le rendre plus docile; Joseph fondit en larmes et dit :

— Il est si jeune, le pauvre petit!... il n'a pas encore de raison, laissez-moi faire ce que vous lui commandez, je travaillerai pour deux afin de vous dédommager; mais, au nom du ciel! ne le grondez pas, cela me fait trop souffrir.

Cet amour fraternel était si touchant que tout le monde le respectait et s'y conformait involontairement. Cela ne rendit pas Georget meilleur; c'était l'enfant le plus capricieux et le plus paresseux qu'on pût trouver; cependant on l'aimait malgré ses défauts et sa jolie figure plaidait en faveur de son mauvais caractère.

Au bout d'un mois, le fumiste fut si content de Joseph qu'il lui demanda affectueusement ce qu'il désirait pour le récompenser de son aptitude au travail et de sa bonne conduite.

— Hélas! Monsieur, répondit le jeune garçon, j'ai une prière à vous adresser, si vous me l'accordez je serai amplement payé du peu que j'ai fait pour vous contenter : je possède, continua-t-il, 12 francs que ma mère et nos amis m'ont donné en partant, si je pouvais les envoyer à maman avec un mot qui l'instruisît de notre position, je serais parfaitement heureux, car chez vous, Monsieur, je n'ai rien à désirer.

Le bon fumiste essuya une larme et promit à Joseph de faire au plus tôt sa commission. Effectivement, peu de jours après il écrivit à Madelaine; lui parla de son fils aîné avec éloge et joignit une pièce d'or aux

12 francs de Joseph sans omettre son adresse pour qu'elle pût aussi correspondre avec ses enfants.

On se figure aisément le bonheur de cette excellente femme à la réception du message : c'était une ivresse que rien ne peut peindre et qui pensa devenir fatale à sa santé ; car ses forces s'étaient épuisées depuis le départ de ses deux chers petits. Apprendre à la fois qu'ils existent, pensent à elle et gagnent leur vie chez un brave homme qui en dit du bien ; c'était trop de plaisir pour son cœur maternel ; elle tomba malade de joie, ce qui, grâce à Dieu, ne fut pas long. Dès qu'elle put se soutenir, elle courut à la ville chez toutes ses connaissances, montrer la lettre et l'argent. Un de ses amis se chargea de répondre : il exprima simplement la reconnaissance de Madelaine pour le patron, fit un bout de morale à l'usage des enfants et finit par un déluge de tendresses, qui cependant ne rendait que bien imparfaitement ce qui se passait dans ce cœur de mère. Il fallut bien s'en contenter; la lettre partit telle quelle et parvint à son adresse. Autre joie pour Joseph qui la regardait, la baisait et se la faisait relire par toutes les ames charitables qui voulaient bien en prendre la peine. Les 20 francs ajoutés par le patron pénétrèrent Joseph de reconnaissance; il ne l'exprima pas de vive voix, mais il le témoigna par toutes ses actions.

Jamais peut-être un enfant de onze ans ne déploya en effet tant d'activité, de zèle et d'intelligence. Aussi, son maître l'aimait-il tendrement. Une chose pourtant déplaisait fort à ce brave homme, c'était l'excessive faiblesse de Joseph pour Georget; on ne pouvait venir à bout de ce dernier qui, soutenu par son frère, se livrait à tous ses mauvais penchants. Par exemple, quand Joseph travaillait en ville, il enmenait toujours son frère, auquel il donnait la totalité des pourboires d'usage. Au lieu de garder cet argent, Georget le dépensait en gourmandises ou le jouait aux billes avec d'autres enfants qui, plus adroits ou moins honnêtes, lui prenaient tout ce qu'il possédait. Joseph défendait son frère, se battait quelquefois et l'excusait toujours près du patron.

Cependant, une fois il manqua une pièce d'argent sur la cheminée du maître; on découvrit que c'était Georget qui l'avait dérobée, rien alors ne put apaiser la colère du fumiste; il vit dans cette vilaine action l'annonce de tous les vices; ne pouvant plus se contenir, il chassa le voleur en lui défendant de jamais se présenter devant lui. Joseph au désespoir, fit son petit paquet et celui de son frère, puis il vint en tremblant prendre congé du maître qu'il n'aurait voulu quitter de sa vie :

— Vous avez chassé mon frère, Monsieur, lui dit-il, et vous avez bien fait, car son action est infâme; mais le malheureux n'a que moi sur la terre; j'ai juré à Dieu et à ma mère que je ne l'abandonnerais jamais. Je dois donc suivre son sort; je vais aller à Paris, où je tâcherai de gagner assez d'argent pour lui en donner afin de le garantir de toute mauvaise pensée.

Le bon fumiste fut douloureusement affecté de la résolution de Joseph. Il lui représenta fortement les conséquences de son indulgence pour son frère, lui en fit sentir tout le danger; mais voyant qu'il ne pouvait le retenir, il lui donna de l'argent pour faire sa route et une lettre adressée à un compatriote de sa profession qui, établi depuis longtemps à Paris, l'emploierait avantageusement. Munis de cette lettre et de quelques autres instructions, nos deux Savoyards se mirent de nouveau en route.

Le voyage se fit assez promptement; grâce aux renseignements fournis par le patron. Il avait indiqué des voitures de renvoi peu coûteuses; de sorte qu'en huit jours, ils se virent enfin dans cette grande et superbe ville qu'on appelle Paris. Joseph se rendit immédiatement chez l'homme pour lequel il avait une lettre; il y fut d'autant mieux reçu qu'on était au commencement de l'hiver, ce qui rendait les ramoneurs précieux. Cette fois, Joseph crut sa fortune faite, car son nouveau maître lui promit 30 sous par jour s'il était aussi laborieux qu'on le lui disait. Quand au petit Georget, il fut convenu qu'on le payerait en raison de ce qu'il ferait.

Les deux frères se logèrent dans une mauvaise auberge qui leur fut indiquée, et dès le lendemain, Joseph entra en fonction chez son nouveau maître. Aussitôt que celui-ci découvrit la rare sagacité de cet enfant, il prit le plus vif intérêt à son sort. Bientôt cet intérêt devint si tendre que ce brave homme pensa sérieusement à s'attacher Joseph par ses bienfaits. « Je n'ai pas d'enfants, se disait-il, il faut que je lui enseigne mon état afin qu'un jour il puisse me succéder; j'ai une des meilleures clientèles de Paris à lui laisser quand je retournerai au pays; cela vaut bien la peine. »

Joseph seconda si bien les bonnes intentions du fumiste, qu'il devint en peu de temps l'un de ses plus habiles ouvriers : son adresse et son goût comme aussi sa douceur se faisaient bien vite remarquer; souvent même on le demandait nominativement pour des travaux de choix. Le maître était tout fier de son élève qu'il traitait comme un fils. Joseph, une fois initié dans l'art du fumiste, gagna beaucoup d'argent et continua d'en faire le plus noble emploi : une partie de son gain se dirigeait en Savoie, une autre servait à l'entretien de son frère et au sien, et le reste, car il en restait encore, tant le bourgeois se montrait généreux et Joseph économe, le reste donc, se plaçait à la caisse d'épargnes pour subvenir aux frais d'un voyage au pays que ce bon fils désirait passionnément.

Il y avait déjà cinq ans de passés depuis le jour où Joseph et Georget descendaient tristement la montagne entourés de tous leurs amis. Joseph se le rappelait comme s'il y était; sa mère se présentait à son esprit, dans les convulsions du désespoir comme au départ. Il demandait sans cesse à Dieu de faire luire le jour du retour, afin de remplacer, par une douce image, ce triste souvenir. Cependant, il n'osait parler au patron de l'envie qui le poursuivait, dans la crainte de nuire aux intérêts de ce bon maître. D'un autre côté, son jeune étourdi de frère ne paraissait pas disposé à l'accompagner au pays, ce qui le retenait encore.

Joseph ne voulait pas laisser Georget seul à Paris, où déjà, malgré sa présence, il faisait sottises sur sottises. Gourmand et paresseux, il passait à jouer au coin des rues le temps qu'il aurait dû employer à travailler en ville; quelquefois même il restait plusieurs jours sans rentrer au logis, où la faim seule pouvait le ramener. Joseph se désespérait. Un soir que son inquiétude était au comble, Georget rentra d'un air gai et dégagé.

—Tiens, frère, dit-il en gambadant; voilà de l'argent que j'ai gagné singulièrement : des Messieurs me l'ont donné, ainsi que forces gâteaux pour rester assis sur une chaise devant eux pendant quelques heures. Ils font ma figure sur toile tel que je suis, même qu'ils doivent m'en donner une image pour toi par-dessus le marché ; quelquefois je m'endors, mais cela ne leur fait rien ; parce qu'alors ils me représentent dormant. J'aime mieux ça que de monter dans les cheminées, on ne s'y casse pas le cou ; on me paye, on me donne à manger et je n'ai rien à faire, cela me va.

Joseph était si heureux de revoir son frère bien-aimé qu'il le caressait, baisait sa jolie figure et ne se sentait pas la force de le gronder.

— Fais ce que tu voudras tout le jour, lui dit doucement ce frère trop indulgent, pourvu que le soir après mon travail je retrouve mon Georget, c'est la récompense de ma tâche; qu'au moins je soupe avec toi, que je cause un peu de nos montagnes, de notre bonne mère, et que je puisse ensuite m'endormir à tes côtés; voilà tout ce qu'il faut pour me rendre heureux. Écoute, frère, si tu veux rentrer sans faute tous les soirs, je te donnerai 10 sous tous les matins.

Georget sauta de joie, promit de rentrer exactement et le marché fut conclu.

C'est ainsi que Joseph, le meilleur et le plus honnête garçon de la terre, perdait comme à plaisir, et sans s'en douter, le dépôt précieux que lui avait confié sa mère. Les vices germaient avec une incroyable rapidité dans le cœur de Georget. Cet enfant, doué par la nature d'une charmante physionomie, d'un esprit remarquable et d'une rare intelligence, était pourtant à onze ans, joueur, ivrogne, paresseux et presque débauché. Joseph ne connaissait pas la moitié de ses défauts : son aveuglement était tel, qu'il était quelquefois en admiration devant lui, en écoutant ses fines réparties ou ses joyeux quolibets. Une fois il revint plus tôt que de coutume et cria à son frère dès qu'il l'aperçut :

— Joseph! je ne serai plus à ta charge ; j'ai trouvé une place.

Le sang du pauvre Joseph se glaça dans ses veines. Georget continua.

— Ce matin, en jouant avec mes camarades à la porte d'une grande et belle maison, un Monsieur qui y demeure, m'a fait appeler. J'ai cru qu'il s'agissait de ramoner une cheminée, et comme tu m'as défendu de travailler depuis que je suis tombé de si haut, j'y ai envoyé un ami. Le Monsieur m'a fait dire que c'était à moi qu'il voulait parler; alors je suis entré : « Bonjour, petit, qu'il m'a dit comme ça, ta figure me plaît, j'ai besoin d'un groom de ton âge, si tu veux m'en servir, je te ferai habiller richement et tu seras content de moi. » Là-dessus il m'a demandé où j'étais; je lui ai dit que je restais avec mon frère apprenti fumiste. « Va, qu'il m'a dit, petit, j'irai demain parler à ton frère. » Puis il m'a donné une pièce de 40 sous, ce qui est bon signe, car je ne sais pas ce qu'il veut dire avec son *groumm*, *groumm*!... je ne peux pas seulement prononcer ce mot-là : c'est encore sans doute pour quelques tableaux, puisqu'il a parlé de ma figure?

Après ce bavardage, Georget s'endormit comme à l'ordinaire. Pour le pauvre Joseph, il pensa toute la nuit avec inquiétude à ce qu'on voulait faire de son frère qu'il craignait toujours de perdre.

Le matin de bonne heure un jeune journaliste de la capitale entra chez Joseph Fyon et lui expliqua que groom voulait dire joket : qu'ayant découvert sous la veste du ramoneur un enfant tout-à-fait convenable pour cet état, il venait le lui demander. Joseph voulut faire quelques observations; mais Georget, enchanté de porter un habit galonné, sautait comme un fou, riait, embrassait son frère qui ne put resister longtemps à son désir; l'enfant se laissa donc enmener tout joyeux, tandis que son pauvre frère passa le jour entier à pleurer, cependant Joseph finit par se consoler; car ayant été voir ce groom improvisé. Il le trouva si bien habillé, si beau dans sa nouvelle toilette et si content de son sort, qu'il comprit enfin qu'on ne pouvait le plaindre puisque Georget était heureux.

Pendant que l'élégant groom apprenait son métier, en courant derrière un léger tilbury, en bâillant dans les anti-chambres, en batifolant avec de mauvais drôles comme lui, le bon Joseph, dans le coin de la rotonde d'une diligence roulait aussi sur la grande route. Il avait demandé et obtenu deux mois de congé, puis réunissant à la hâte ses économies et une infinité de petits présents qu'il avait achetés depuis longtemps à l'intention des amis du départ; son impatience d'arriver était si grande que les voitures lui semblaient lentes dans leur course. Souvent il cheminait à pied croyant aller plus vite que les chevaux,et lorsque la fatigue le forçait à reprendre sa place il balançait son corps comme si ce mouvement eût pu hâter la marche du temps.

En passant à Lyon, il s'y arrêta pour visiter le fumiste turinois auquel il devait son bien-être. Mais quelle ne fut pas sa douleur quand il apprit que ce brave homme n'existait plus depuis un an. Jamais l'idée de la mort ne s'était encore présentée à l'imagination candide du bon Joseph. « Mort! » répéta-t-il, et toutes ses pensées se tournèrent vers la Savoie. Oh! mes amis, ma mère vous retrouverai-je en vie? Mû par cette crainte, il se jeta dans une voiture qui le conduisit à Chambéry, De là il prit immédiatement, et à pieds, le chemin des Échelles, plus il avançait plus son cœur battait violemment. Il y avait plus de six mois qu'il ne lui était parvenu de nouvelles du pays; toute entière à l'impression douloureuse de Lyon, cette ame neuve et tendre s'affligeait, même de maux imaginaires, et ses larmes coulaient sans qu'il sût précisément pourquoi.

Joseph ne put passer près de cette croix, qu'il connaissait si bien, sans faire halte. C'est là qu'il s'était reposé avec son Georget; maintenant il y était seul, il s'assit et pleura. « Que fait mon frère? il peut se passer de moi à présent et moi je le vois partout; je ne pense qu'à lui, je donnerais tout au monde pour le voir un instant! Que va dire ma mère! » Il se remit en marche aussitôt :

parvenu au sommet de la montagne, au pied de laquelle il venait de s'asseoir, notre intéressant Savoyard leva la tête et découvrit dans le vallon la jolie ville de Vizille. Ses yeux se tournèrent vers le coteau qui la domine. Le plateau et la cabane furent tout-à-coup reconnus par Joseph qui s'écria en tombant à genoux,

— Ma mère, vous êtes là; vous m'attendez, me voici!

La journée cependant n'était encore qu'à moitié; Joseph pouvait atteindre la ville en quelques heures, lorsqu'une réflexion subite l'arrêta :

« Je ne veux, pensa-t-il, voir que ma mère, mon cœur ne pourrait suffire à d'autres émotions. Attendons que le soleil soit plus rapproché de l'horizon, afin de ne traverser le bourg que lorsqu'il fera nuit. »

Il s'assit tranquillement et se mit à manger du pain et du fromage. Une source voisine lui fournit à boire; après ce repas qu'il trouva délicieux en vue de ses pénates, il s'endormit profondément le visage tourné vers la cabane maternelle.

Un léger bruit réveilla Joseph dont la surprise fut extrême en apercevant autour de lui tous ceux qui, cinq ans avant, l'avaient quitté à cette place. Un hourra de joie accueillit son réveil; tous se précipitèrent sur lui pour l'embrasser avant qu'il eût pu articuler une parole; car un bon fils est dans tous les pays l'idole des gens de bien. Le jeune Savoyard avait été reconnu la veille par la même aubergiste qui, la première, avait donné l'hospitalité aux deux frères. En venant le matin au marché, la brave femme n'avait rien eu de plus pressé à dire; c'est pourquoi, dans le doute même, chacun s'était dirigé vers la route pour admirer plus tôt celui qu'on proclamait déjà l'honneur et l'orgueil du pays.

Lorsque Joseph put parler, il dit avec anxiété.

— Où donc est ma mère?

— Chez nous, répondit un vieillard placé au milieu du groupe, sois tranquille, mon enfant, elle est hors de danger!

— Hors de danger! répéta Joseph, ma mère était en danger et je ne le savais pas!, Ah! mon Dieu, courons vite; que je revoie ma mère!..

Le premier transport calmé, on lui raconta que l'hiver avait été bien rude, qu'un jour de verglas Madelaine ayant fait une chute s'était cassé la jambe, mais que, grâce aux soins du docteur, de M. le curé et des ames charitables du pays, elle était tout-à-fait rétablie. Que cependant ne pouvant encore gravir la montagne, elle demeurait toujours chez le père Gauthier qui l'avait gardée tout le temps de sa maladie. Le père Gauthier, vieillard de soixante-dix ans, avait perdu successivement toute sa famille à l'exception d'une petite fille avec laquelle il vivait, c'est pourquoi, plus heureux que ses voisins dans cette circonstance, il avait pu offrir à Madelaine sa maison et ses soins.

Joseph ne courut pas, il vola vers la ville en laissant bien loin derrière lui son touchant cortége; enfin tout couvert de sueur et respirant à peine, il se précipita dans les bras de sa mère qui, soutenue par une jeune fille, avait fait quelques pas au-devant de lui. D'un coup d'œil il comprit que Madelaine cherchait quelque chose et il se hâta de la rassurer en lui apprenant le parti qu'avait pris son frère; il lui cacha soigneusement ses fredaines, afin de ne pas l'affliger, et lui présenta sous un beau jour, le nouvel état de Georget. Madelaine soupira et dit tristement :

— S'il travaillait comme toi, mon Joseph, il ne serait pas en servitude et pourrait embrasser sa mère aujourd'hui. J'ai toujours pensé, ajouta-t-elle, que cet enfant nous causerait bien des chagrins : hélas! je ne me suis pas trompée.

La figure de cette tendre mère se couvrit de larmes; mais ce nuage dura peu et la vue de son fils aîné calma, pour un temps du-moins, ses douloureux pressentiments.

La convalescence de Madelaine fut prompte, la joie de posséder son enfant fut un remède si efficace qu'en moins de quinze jours elle put vaquer à ses travaux quotidiens. En quittant la maison du bon vieillard, pour reprendre avec sa mère le sentier si connu de la montagne, Joseph disposa de la plupart des présents qu'il avait apportés en faveur de l'aimable enfant de ce brave homme. C'était une petite fille de neuf ans environ, gracieuse, vive et d'une extrême bonté. Son grand-père l'adorait, car il ne possédait qu'elle au monde : Jeannette lui rendait en soins et en tendresse l'amour qu'elle lui portait : en voyant ces deux êtres si fidèles, on frémissait dans la crainte que l'un ne manquât à l'autre ; car si l'enfant soutenait le vieillard, le vieillard de son côté était tout pour l'enfant.

Joseph revit avec ravissement le berceau de sa première jeunesse, comme autrefois, il s'assit au souper maternel ; comme autrefois il passa des heures entières à causer familièrement à la lueur du sarment ; comme autrefois enfin, il unit sa prière à celle de la meilleure des mères. Un peu d'amertume se mêlait par fois à cette joie pure : c'était le souvenir de Georget. Souvent Joseph, dans sa tendre sollicitude pour son frère, sentait un violent désir de partir pour le revoir. Ce désir devint même un besoin si pressant, que les dernières semaines de son séjour dans la montagne en furent désenchantés : il avait remis à sa mère tout l'argent qu'il avait à sa disposition en la suppliant de ne pas se donner trop de mal puisqu'il pouvait l'aider. Cette bonne femme lui promit tout ce qu'il voulut et Joseph s'arracha de ses bras, emportant comme la première fois, l'estime et l'amitié de ceux qui le connaissaient.

A peine de retour à Paris, Joseph courut chez le journaliste pour embrasser son frère et lui porter des nouvelles du pays; celui-ci le reçut froidement : son cœur était déjà gâté par le contact du monde; le langage de son frère et surtout ses vêtements blessèrent tellement son amour-propre qu'en le reconduisant, il lui dit que son maître ne voulait pas qu'on vînt le voir; qu'ainsi ce serait lui,

Georget, qui dorénavant se rendrait chez le maître fumiste pour apprendre des nouvelles du pays.

Joseph s'en retourna navré de l'élévation de son frère et de l'accueil qu'il en avait reçu. Il n'en fut heureusement pas de même chez le patron. Cet excellent homme ayant senti pendant l'absence du jeune garçon combien il lui était nécessaire, lui dit en l'embrassant cordialement.

— Mon bon Joseph, tu ne retourneras plus à ton auberge, et puisque tu n'as plus avec toi ton garnement de frère, viens loger chez moi, sois mon fils; tu partages mes travaux il est juste que tu partages aussi mon bien-être.

Joseph, touché jusqu'aux larmes, accepta

avec empressement les nouveaux bienfaits de la Providence et fit tous ses efforts pour les mériter. Les deux jeunes Savoyards ainsi casés, se voyaient peu. Georget ne venait guère chez son frère qu'à la fin de chaque mois pour tirer quelque argent de lui. Joseph, toujours faible, se laissait aller, trouvant que c'était bien peu payer l'immense plaisir qu'il éprouvait à embrasser son frère. Cependant, Georget devint de plus en plus exigeant, si bien qu'enfin, Joseph ne put suffire à ses demandes réitérées. Déjà le jeune groom avait essayé forcément de plusieurs conditions. Sa jolie figure, sa taille élégante le faisaient rechercher des fashionnables, mais dès qu'on le connaissait on ne tardait pas à s'en débarrasser. Il changeait aussi souvent de nom que de maître, et s'était appelé successivement Djech, Djach,

Jhon, etc., etc., etc. Ses manières étaient devenues celles des gens du bel air qu'il hantait, aussi personne n'aurait reconnu dans le svelte groom le gros et charmant petit ramoneur qui, peu d'années, avant servait de modèle dans les ateliers de peinture.

Tout en déplorant ses travers, Joseph admirait aussi la taille et la figure de Georget : il trouvait même tout naturel qu'un si joli garçon, causant si bien, eut des besoins qu'un autre ne ressentait pas, et malgré les remontrances amicales du patron il se privait de tout pour alimenter les débordements de ce mauvais sujet. Joseph pourtant cachait toujours à sa mère la conduite répréhensible de son frère, car il savait bien le chagrin que cela lui eût fait. Tous les trois mois il lui envoyait une petite somme à laquelle il ne manquait jamais de joindre les détails de sa vie, détails si précieux pour le cœur d'une bonne mère : cela se bornait habituellement à des travaux en ville ou à la campagne et à quelques promenades dans la compagnie du patron, les trop rares visites de Georget complétaient l'ensemble de cette vie douce et laborieuse. Joseph avait coutume d'adresser au jour de l'an ses vœux et une belle robe à sa mère, il avait aussi l'attention d'ajouter à cet envoi quelques affiquets destinés à la jolie petite créature qui avait soigné sa mère lors de sa chute, afin de l'engager à la soigner encore si l'occasion s'en présentait de nouveau.

La gentille Jannette n'avait pas besoin de ce stimulant ; chaque jour elle gravissait le coteau comme une chèvre, aidait Madelaine dans ses occupations domestiques et la remplaçait souvent dans la vente de son lait. Le zèle de cette charmante enfant croissait avec ses années; Jeannette à treize ans trouva la force et les moyens d'assister à la fois dans tous leurs besoins son grand-père et sa bonne amie, c'est ainsi qu'elle nommait Madelaine. Une louange placée dans les lettres de Joseph, récompensait plus encore la jeune fille que le cadeau du bout de l'an.

Jeannette savait écrire : Madelaine la chargea de la correspondance avec son fils qui, de ce moment fut d'une régularité remarquable; ces lettres qui d'abord s'écrivaient au nom de Madelaine devinrent peu à peu collectives et le *nous* remplaça *votre bonne mère*, sans qu'on s'en aperçût. Aussi le besoin de se parler directement se fit sentir et insensiblement le protocole changea du tout en tout pour devenir personnel. La correspondance n'en fut que plus active et la bonne Madelaine reçut régulièrement une lettre par mois. Cela fit prendre patience à la pauvre mère qui trouvait le temps bien long.

Joseph aurait bien voulu aussi faire encore une excursion dans la montagne; mais son devoir le retenait près du patron dont les affaires avaient pris une extension considérable. Joseph reçut un jour une lettre du pays : en jetant les yeux dessus il ne reconnut pas l'écriture accoutumée et son cœur se serra fortement. Il tenait cette lettre dans ses mains, la tournait, la retournait sans oser la porter au bourgeois son secrétaire et son confident. Enfin rassemblant son courage, il se fit lire la missive qui l'avait tant effrayé. Un ami de sa mère, chargé par elle de lui écrire cette fois, lui annonçait que le grand-père de Jeannette était à toute extrémité.

—Cela m'afflige beaucoup, disait la bonne femme; que va devenir la pauvre Jeannette? elle n'a que quatorze ans et perd tout par la mort de ce vieillard, qui ne possédait qu'une rente viagère faite par d'anciens maîtres : c'est vraiment un ange que cette enfant; ce qu'elle fait pour soulager son grand-père est inconcevable : espérons que Dieu ne l'abandonnera pas.

Joseph, bouleversé par cette nouvelle fit écrire sur-le-champ.

— Prenez pitié de Jeannette, ma bonne mère; retirez-là près de vous, le ciel pourvoira au reste.

Et le ciel y pourvut, car Joseph, travaillant jour et nuit, envoya à sa mère le double de la somme convenue.

Dix années s'étaient écoulées depuis que Joseph habitait Paris; un seul voyage aux montagnes avait partagé ce laps de temps, et Joseph brûlait du désir de se mettre en route de nouveau pour ce lieu si cher à son cœur. Son maître, voyant l'ennui s'emparer de lui, fut le premier à parler voyage. Il proposa un congé de quelques semaines qui fut accepté avec le plus vif empressement. La première pensée de Joseph fut d'aller voir son frère pour lui proposer de l'accompagner, en se chargeant des frais de route.

Georget, retenu par mille distractions, refusa obstinément l'offre du bon Joseph, qui fut forcé de se résigner à partir seul.

Georget se contenta de lui donner une petite lettre pour sa mère et lui souhaita un bon voyage. Malgré ce désappointement, notre jeune fumiste fit ses petits arrangements avec un bonheur incroyable ; il achetait une chose pour sa mère, puis une autre pour Jeannette, emballait le tout avec soin et souriait d'avance au plaisir que causeraient ces jolis riens dont Paris est plein, et dont les campagnes n'ont aucune idée.

Un commissionnaire le tira de cette agréable préoccupation en le venant chercher afin de le conduire à l'instant dans un endroit qu'il ne connaissait pas, mais pour une affaire très pressante concernant son frère. On le fit monter en voiture et après avoir traversé Paris, on l'introduisit dans une vaste maison, et puis dans une grande salle meublée d'une infinité de lits... c'était un hôpital! En jetant les yeux sur un de ces lits, Joseph jeta un cri déchirant; il venait de reconnaître son frère, son Georget, tout couvert de sang et entouré de plusieurs personnes occupées à le panser. Au milieu des cris étouffés que lui-même poussait, et des larmes qu'il versait en abondance, Joseph apprit enfin que son frère, par bravade, avait voulu monter un cheval qui courait au Champ-de-Mars, que n'étant pas habitué à ce genre d'exercice, il avait été lancé dans l'arène, trop heureux de n'être pas resté mort sur la place, et qu'enfin malgré la gravité des blessures le chirurgien répondait de ses jours.

Ce fut alors que Joseph sentit l'amour qu'il avait pour son frère; sans cesse à son-

chevet, il tenait une de ses mains, écoutait sa respiration, et ne vivait qu'en lui; épiant le regard du médecin et recueillant la moindre de ses paroles; exécutant scrupuleusement ce qu'il avait prescrit, c'était le meilleur garde-malade qui se fût jamais vu : il prodiguait l'argent, les prières, les caresses et finit par intéresser tout le monde à la vie de son cher Georget. Un mois tout entier fut employé à le tirer d'affaire. Rien ne fut épargné par Joseph pour rappeler à l'existence ce frère bien-aimé : assis sur le bord du lit du malade, Joseph le regardait en silence, quelquefois il lui disait tout bas.

— Frère, ne t'inquiètes de rien, je suis là, je veille près de toi, reviens seulement à la santé, car je suis trop malheureux quand tu souffres et je te donnerai tout ce que tu voudras !

Le ciel, touché sans doute de cette sainte affection, exauça les vœux de Joseph. Georget lui fut rendu.

Le danger qu'avait couru l'imprudent groom, avait fait une si vive impression sur Joseph qu'il n'avait pas même pensé à aviser sa mère de l'impossibilité où il était de quitter Paris. Il reçut une lettre de Jeannette, peignant naïvement son inquiétude et les courses infructueuses qu'elles faisaient à la *Montagne du Retour*; c'était le nom qu'on avait donné au lieu où Joseph avait été trouvé endormi lors de son premier voyage en Savoie. Il fit répondre à l'instant pour rassurer sa mère et remit à l'année suivante le plaisir de l'aller embrasser. Lorsque Georget fut entièrement rétabli, il fallut songer à le placer, car ses derniers maîtres avaient pris un autre groom pendant sa maladie, d'ailleurs il était devenu bien grand pour ce genre de jokey de luxe : aussi fut-il obligé de rentrer en service comme laquais tout simplement.

Les mauvais penchants de Georget se développaient avec encore plus de force que jamais dans son nouvel état. Il passait tout son temps au cabaret ou au billard, contractait des dettes énormes pour sa position, puis il allait trouver son frère qui se désespérait et payait en suppliant Georget d'être plus sage à l'avenir. Celui-ci promettait tout et ne tenait rien. Pendant l'année qui devait s'écouler encore avant le bienheureux voyage, le bon Joseph ne se donna pas un moment de relâche; il travaillait avec ardeur pour réparer les désordres de son frère et n'avait de plaisirs que les chères lettres de Jeannette.

Cette jeune fille toujours bonne, laborieuse, reconnaissante, remplaçait les enfants de Madelaine qui l'aimait bien tendrement.

— Que n'est-elle ma fille? disait un jour Madelaine à son fils, dans une lettre confidentielle dont Jeannette était l'objet.

—Cela viendra peut-être, répondit Joseph.

Et la bonne mère renferma dans son cœur ses plus chers espérances.

Les mois se succédèrent et notre laborieux fumiste était encore sur le point de partir quand son père adoptif tomba dangéreusement malade; une fluxion de poitrine des plus intances pensa le lui ravir. Trois mois suffirent à peine à son parfait rétablissement. Pendant ce temps, Joseph se multiplia pour ainsi dire au dedans, au dehors, il suffit à tout, employant à distraire et à soigner son patron, les instants qu'il pouvait dérober aux affaires. De retour à la santé, cet honnête homme dit à son élève :

— Il est temps que je te témoigne mon affection, mon bon Joseph, et que je te récompense de ton excellente conduite; tu ne seras plus mon homme de confiance comme par le passé, mon premier ouvrier, mais bien mon associé, un second moi-même; je me fais vieux, la maladie que je viens d'essuyer m'a ôté mes forces; ainsi donc c'est sur toi que rouleront désormais tous les travaux; tu m'as prouvé dans ces derniers temps que tu en étais capable : moi je ferai le travail du bureau, et nous pertagerons comme deux frères dans les bénéfices.

Joseph, pour la première fois de sa vie, fut heureux de cet accroissement de fortune, il pensa au pays, calcula ce qu'il faudrait pour y vivre en famille et combien d'années seraient nécessaires pour l'amasser, après quoi, il fut heureux, car il espéra!

Le maître de Joseph étant tout-à-fait remis, lui proposa de le laisser aller voir sa mère pendant quinze jours seulement avant de commencer l'association projetée. Joseph au comble de la joie ne se le fit pas répéter et partit au plus vite sans en prévenir personne. Cette fois il prit des voitures pendant tout le trajet, et parvenu au pied de la montagne, il loua encore un cheval pour la gravir afin de ne pas perdre un seul des instants dont il pouvait disposer. Il était tard lorsqu'il se trouva sur le coteau dont la vue lui faisait tant de plaisir. Malgré l'obscurité, ses yeux découvrirent le verger, la maison et jusqu'à la fumée qui sortait de son unique cheminée. « On n'est pas couché, pensa-t-il. » Et le cheval fut poussé vigoureusement. Comme il allait atteindre le sommet du plateau si désiré, la porte de la cabane s'ouvrit avec fracas; une voix argentine s'écria :

— C'est lui ! maman, c'est Joseph !

Deux femmes accoururent, entourèrent le cheval, pressèrent dans l'ombre les bras, la veste, le cou du jeune cavalier dont l'émotion était si grande qu'il ne pouvait prononcer une parole.

— Je disais bien qu'il arriverait au premier jour, dit Jeannette en sautant au cou de Madelaine, j'en étais sûre car je rêvais de lui toutes les nuits. Oh! comme il est grandi! « c'est un homme à présent » s'écrièrent les deux femmes en regardant Joseph qui, assis près d'un bon feu, faisait aussi ses observations.

Il trouva sa pauvre mère bien changée; les chagrins que lui causait la conduite de Georget dont elle savait beaucoup de détails malgré les précautions de Joseph, avaient marqué ses traits d'une vieillesse anticipée. Quand à la jeune fille, elle surpassait de beaucoup en beauté ce qu'avait pu créer l'imagination du sensible montagnard : modèle de grâce et d'ingénuité, Jeannette à quinze ans réunissait tout ce qui plaît aux yeux, tout ce qui attire le cœur. Le peu de jours que Joseph devait passer chez sa mère s'écoulèrent comme un rêve et quand, au bout de ce terme, il se trouva dans une diligence roulant vers Paris, il se crut le jouet d'une agréable vision. Joseph était sous le joug, c'en était fait de son cœur.

Notre Savoyard, à son arrivée, fut péniblement affecté par ce qu'il apprit de son frère. Renvoyé constamment pour cause de paresse etd'ivrognerie, sans cesse au cabaret, il devait à tout le monde; ce qui força Joseph de demander de l'argent à son maître, mais cette démarche lui coûta tellement qu'il eut le courage de réprimander Georget plus fort que de coutume : celui-ci promit de se mieux comporter à l'avenir; ce qu'il fit en effet, car il commençait à sentir tout ce que sa conduite avait d'infâme. On lui trouva un nouveau poste dans lequel il se promit de rester tranquille.

Joseph prit possession de toute la besogne du bourgeois, géra les affaires à merveille et montra dans cette occasion la hauteur de son intelligence. Rien ne lui fut impossible pour satisfaire et soulager celui qu'il aimait et respectait comme un père. La tendresse de Joseph ne put rien toutefois contre les décrets de la Providence, et nonobstant ses soins assidus, il voyait la santé de son brave patron devenir chaque jour plus mauvaise, il s'en inquiéta vivement; son maître s'en aperçut et lui dit en lui pressant la main affectueusement.

— Que veux-tu, mon ami, j'ai fait mon temps! ma conscience ne me reproche rien;

la volonté de Dieu soit faite, je ne regrette beaucoup en ce monde que toi!

Après cette conversation, le vieux fumiste profita de l'absence de Joseph pour faire venir un notaire auquel il dicta ses dernières volontés. Cette formalité remplie, cet honnête homme attendit patiemment la fin de sa carrière. Quelques mois après il s'étaignit dans les bras de son fils adoptif. Joseph eut un profond chagrin de la mort de son maître; il pleurait encore et ne voulait voir personne huit jours après l'inhumation, lorsqu'un notaire le fit appeler pour l'ouverture du testament du défunt qui était conçu en ces termes.

« N'ayant pas de parents ascendants ni descendants, je lègue la somme de 20,000 fr. à la paroisse de mon village, dont le revenu devra être employé à aider de vêtements et d'argent les pauvres enfants de la Savoie qui vont à Paris chercher leur pain comme j'y vins moi-même nus-pieds il y a cinquante ans; je donne le reste de mon bien, toutes créances comprises, au plus honnête de ces mêmes enfants de la Savoie, venu à Paris dans de semblables conditions, lequel se nomme Joseph Fyon; priez Dieu pour moi.»

Le jeune Savoyard ne put retenir ses sanglots : il se précipita à terre et sans s'inquiéter de combien il était redevable à son généreux bienfaiteur, il pria avec ferveur pour le repos de son ame. Lorsque Joseph fut un peu plus maître de sa douleur, le notaire lui fit prendre connaissance des valeurs que lui léguait le fumiste, lesquelles montaient à plus de 500,000 francs. Joseph demeura stupéfait; il était loin de soupçonner son patron ausi riche : il vit avec admiration ce que peuvent le travail et l'économie et jura en lui-même de faire un bon usage de l'immense fortune que le ciel lui confiait.

Georget apprit avec ravissement les dispositions du bon fumiste; il accourut chez son frère qui eut cette fois la sagesse de lui cacher le chiffre de la succession, ainsi qu'à sa mère pour laquelle il redoutait une trop vive émotion. Conseillé par le notaire ci-dessus mentionné, Joseph réalisa toute ses valeurs, en plaça le produit à un taux modéré, mais sûr, après avoir fait largement la part des pauvres, ensuite, prenant Georget à part il lui dit sérieusement :

— Frère, je suis riche, c'est te dire assez que tu l'es aussi; quitte-donc ce vilain métier qui ne t'a fait contracter que des vices; viens avec moi passer quelque temps au pays pour retremper ton ame au foyer maternel. Je compte me fixer dans les montagnes, viens m'y installer et si après un court séjour parmi nous, tu regrettais quelque chose, eh bien! frère, nous partagerons; je te ferai un sort honnête et tu chercheras ailleurs des cœurs qui t'aiment plus et te rendent plus heureux.

Georget fut attendri par les bienfaits de Joseph et consentit volontiers à le suivre : aussi huit jours après on vit paraitre à la fois les deux frères sur la montagne du Retour. Ce n'était pas cette fois une vingtaine d'amis seulement, mais toute la ville qui était accourue à leur rencontre : il n'était bruit à plus de dix lieues à la ronde que de la fortune des deux jeunes Savoyards. Et la trompette de la renommée s'était chargée d'annoncer leur arrivée. Tout le monde voulait les voir, les fêter. On enviait le sort de l'heureuse mère ; les jeunes filles les trouvaient singulièrement embellis. Georget surtout réunissait tous les suffrages. Au milieu de ce tumulte, Madelaine, ivre de bonheur, baisait tour-à-tour la tête blonde de Georget et les beaux cheveux noirs de Joseph. Revoir à la fois ses deux enfants et les garder près d'elle était un bienfait du ciel dont elle ne pouvait assez le remercier.

Jeannette était accourue aussi au-devant de ses frères d'adoption : ce n'était plus cette enfant si naïve, si folle qui criait, courait, chantait, mais bien une grande et belle jeune fille, modeste, réservée et presque honteuse de ses charmes. Joseph ne se lassait pas de la regarder ; car il la trouvait si belle ! les premiers huit jours passés il confia à sa mère son amour et ses desirs, amour saint s'il en fut jamais, puisque les vertus lui avaient donné naissance. L'heureuse Madelaine ne manqua pas d'annoncer à sa chère Jeannette qu'elle pouvait enfin devenir sa fille comme tant de fois elle avait paru le désirer.

— Mon Joseph, lui dit-elle, te demande pour femme, il reste avec nous et j'aurai le bonheur de me voir revivre dans vos enfants.

La jeune fille rougit, cacha sa tête dans le sein de Madelaine et lorsqu'elle releva son joli visage, une main pressait la sienne : c'était celle de Joseph.

— Chère Jeannette, lui dit-il vous fûtes

le rêve de toute ma vie : quand vous n'étiez qu'un enfant, je vous aimais pour votre angélique bonté; plus tard je vous compris et j'adorai votre âme dans vos lettres; aujourd'hui votre beauté fait le reste et je sens qu'il n'est plus de félicité pour moi sans vous.

Jeannette serra doucement la main de Joseph, puis se tournant vers Madelaine, elle dit à demi-voix, vous savez bien que je suis votre fille, ainsi disposez de moi.

Joseph, au comble de ses vœux, ne songea plus qu'aux arrangements nécessaires à leur accomplissement. Dès le lendemain il courut tout le pays pour trouver une habitation convenable et où il pût cacher ses trésors. Il fit promptement l'emplète d'un beau domaine situé presqu'en face de son ermitage sur le revers d'une autre colline; puis il manda de Chambéry les ouvriers que nécessitaient les embellissements qu'il projetait. Joseph ne prenait pas un moment de repos afin de hâter ses nombreux travaux. Occupé tout le jour avec ses ouvriers, il revenait le soir souper en famille; placé à table entre Madelaine et Jeannette en face de Georget, rien ne manquait à son bonheur.

Quelques formalités relatives à la famille de Jeannette retardèrent le mariage de deux mois. Joseph employa tout ce temps à embellir son manoir. Rien n'était trop beau pour sa mère et sa femme; c'était avec une joie d'enfant que cet excellent jeune homme préparait de petites surprises aux chers objets de son amour : un jour c'était un meuble venu de Paris, un autre jour c'étaient de beaux pigeons, de magnifiques poulets, enfin il ne songeait qu'aux choses qui pourraient leur plaire. Georget ne fut pas oublié dans la distribution, et le bon Joseph réserva une grande et belle salle à l'usage d'un billard afin d'amuser son frère bien-aimé. Joseph fit un petit voyage à Paris pour acheter les joyaux qu'il destinait à sa jolie fiancée. Son frère proposa de l'accompagner, mais la crainte qu'il ne revînt pas l'empêcha d'accéder à son désir.

— Reste ici, frère, dit Joseph, je ne serai pas longtemps.

En effet, quinze jours lui suffirent, il revint au bout de ce temps avec l'empressement de l'amour heureux, déposer aux pieds de son idole ce qui devait la parer sans l'embellir. La joie de Joseph était si grande qu'elle anéantissait toutes ses facultés ; les trois êtres chéris qui l'entouraient fascinaient son esprit, il ne voyait rien, n'entendait rien, ne sentait rien, sinon qu'il était le plus heureux des hommes.

Cependant il régnait, à son insu dans l'intérieur de cette famille, une sombre mélancolie. Georget paraissait triste et rêveur, il se promenait seul tout le jour sur la montagne et mettait le soir sur le compte de la fatigue sa taciturnité. Jeannette, toujours occupée de soins domestiques, était silencieuse, pensive. Si ses bonnes amies la félicitaient sur son prochain mariage, elle rougissait, pâlissait, et cherchait à cacher les larmes dont ses yeux se remplissaient malgré elle. La pauvre Madelaine voyait tout et gémissait en silence des malheurs qu'elle pressentait. Pendant ce temps, l'heureux Joseph ne pouvait contenir sa félicité; car grâce à son activité, tous les obstacles étaient enfin levés et son mariage fixé à huit jours. Dans son ivresse il résolut de consacrer cette semaine entière à son amour. Rien ne put plus l'arracher de sa rustique demeure, et tous les jours se passèrent en contemplation. Joseph était dans cet état fiévreux qui vous ravit toutes vos facultés excepté la pensée fixe qui vous domine; il ne dormait plus, son cœur battait violemment, il étouffait : l'air manquait à sa poitrine!

Une nuit qu'il était encore plus agité que de coutume, il voulut causer avec son frère de ce qui le préoccupait si vivement. Celui-ci ne lui répondit pas, il se leva et sortit doucement pour aller respirer dehors. En passant sous la fenêtre de la chambre de sa mère, il crut entendre des sanglots étouffés. Joseph prêta l'oreille et ne perdit pas un mot de la conversation suivante :

— Laissez-moi pleurer, ma mère, disait une voix que Joseph reconnut trop bien; bientôt cela ne me sera plus permis, car une fois la femme de Joseph, je ne devrai plus songer à Georget; demain je ne le verrai plus il doit partir, il me l'a juré; trois jours après tout sera fini pour la pauvre Jeannette!...

Ici les sanglots redoublèrent.

—Allons, du courage, ma chère fille, reprit Madelaine, Joseph est si bon, si aimant qu'il te dédommagera au centuple du sacrifice que tu lui fais ; quand tu ne verras plus Georget, tu l'oublieras et....

—Ah ! jamais ! jamais ! répliqua Jeannette avec force, je ferai mon devoir, ce que m'impose la reconnaissance, mais j'en mourrai !..

Joseph immobile, osait à peine souffler : tout son sang s'était porté vers son cœur; un moment il crut qu'il allait étouffer et mourir de saisissement ; la fraîcheur de la nuit l'ayant un peu remis, il chercha à se rendre compte de ce qui se passait en lui : est-ce du désespoir ? de la rage ? fallait-il entrer pour accabler de reproches cette jeune fille qu'il avait tant aimée ! et Georget, son idole depuis qu'il existe, faut-il le chasser loin de lui, le haïr et le mépriser ? Toutes ces idées se pressent à la fois dans sa tête brûlante. Il marche à grands pas dans le verger, va, vient, ne sait ni ce qu'il veut, ni ce qu'il fait. Prêt à pénétrer dans la maison pour y faire éclater son couroux, il s'arrête avec effroi tant sa colère est au comble! Tout-à-coup il prend sa résolution.

« Je ne les verrai plus, s'écrie-t-il, je ne veux plus les revoir. » Et suivant le sentier qui conduit à la ville, il y arrive avant le jour. Il écrit de là une lettre à sa mère, contenant ce peu de mots :

« Je sais tout, et j'ordonne à mon frère d'attendre auprès de vous la récompense de sa conduite à mon égard. »

Ce billet expédié, il s'élance sur un cheval et prend au grand trop la route de Chambéry; il s'y arrête à peine et poursuit son voyage vers Paris.

Chemin faisant, son sang se calme; ses idées deviennent plus nettes; il se met à réfléchir sur sa position. « Que m'ont donc fait ces êtres que je maudis? dit-il en lui-même; ils se sont aimés et me l'ont caché; mais c'était par dévoûment. Si Jeannette m'eût dit : « Je ne puis répondre à votre amour, j'aime votre frère. » Si Georget se fût jeté à mon cou en me disant : « Frère, le bonheur de toute ma vie, mon retour au bien dépendent de toi! » Aurais-je pu résister aux prières de Jeannette, aux larmes de Georget?... Tout alors changea de face dans l'esprit de Joseph; il se rappela avec attendrissement que Jeannette ne l'épousait que par reconnaissance; que Georget s'éloignait pour la lui laisser; qu'enfin tous deux s'étant conduits avec honneur et délicatesse.

Joseph arriva à Paris dans ces bonnes dispositions; il se rendit immédiatement chez son notaire, y fit dresser un contrat de mariage, par lequel Jeannette apportait en dot le domaine acheté par lui en Savoie, et Georget, son fiancé, une somme de 60,000 fr. pour le faire valoir, ce qui devait mettre à l'aise un ménage honnête et laborieux. À l'envoi de ce contrat, était jointe une rente pour sa mère. Dans le même paquet se trouvaient deux lettres; l'une pour Madelaine, l'autre pour Georget. La première était ainsi conçue :

« Je vous quitte pour longtemps, ma bonne mère; mais je laisse près de vous un fils et une fille que je rends responsables de votre bonheur. Parlez-leur quelquefois de moi et assurez-les que je leur pardonnerai les maux inouïs qu'ils me causent, s'ils vous entourent de l'amour et du respect que j'ai pour vous. »

L'autre contenait ces lignes :

« Écoute, frère, j'assume sur ta tête une immense responsabilité ; je te transmets tous mes droits au cœur et à la main de la plus aimable et de la plus vertueuse des femmes. Songe que je viendrai un jour te demander compte des devoirs que je t'impose et tremble si tu trompes la confiance de ton frère,

» JOSEPH. »

Lorsque les affaires de Joseph furent bien en ordre, il se jeta dans une voiture qui l'entraîna rapidement vers le Hâvre où il s'embarqua aussitôt pour l'Amérique.

. . . .

Douze ans plus tard, une élégante calèche de voyage traversait au grand trop les Échelles de Savoie; deux domestiques bien vêtus sont placés sur le siége; au fonds de la voiture se trouve un homme de trente et quelques années, à l'air grave et réfléchi, aux manières douces et affectueuses. Plusieurs livres l'entourent sans lui servir, car il paraît avoir laissé l'étude pour la méditation. De temps à autre, il regarde au loin comme s'il cherchait à découvrir quelque chose. Arrivé près de la petite ville de Vizille, les joues du voyageur se colorent visiblement. Cependant, il s'enfonce dans sa voiture comme pour éviter les regards. Parvenu au pied de la montagne qui se trouve derrière le presbytère, l'inconnu fait arrêter les chevaux et saute vivement à bas. Sans regarder en arrière, sans rien demander à personne, il prend un petit chemin conduisant directement à une charmante maison bourgeoise, située au sommet de là colline, en face de la vallée; de jeunes bois entourent cette délicieuse habitation où semble respirer l'aisance et l'industrie.

Lorsque le mystérieux voyageur est près de la porte principale, il hésite quelques moments; puis par un brusque mouvement il tire la sonnette dont le son résonne au loin. Au même instant une jeune femme entourée de quatre jolis enfants, accourt en s'écriant :

— Maman! Joseph!!!...

D'autres voix répondent aussi Joseph! et l'écho de la montagne répète... *Joseph!!!*

L'étranger, dont les forces paraissent un instant suspendues, reprend bientôt connaissance au milieu de toute une famille à genonx près de lui...

— C'est lui, disait la jeune femme aux trois plus petits de ses enfants, cet oncle pour lequel vous priez Dieu tous les soirs!...

— Oui, c'est mon frère et mon bienfaiteur, ajoute le papa à l'aîné de ses fils, celui dont tu portes le nom, celui dont je te raconte sans cesse la belle conduite pour qu'un jour tu cherches à l'imiter!...

— C'est mon fils bien-aimé, reprenait une bonne femme en s'adressant à des serviteurs ébahis de cette scène, celui dont parle tout le pays, celui qui m'a coûté tant de larmes; c'est mon fils aîné, mon Joseph!....... et tous pleuraient, s'embrassaient et pleuraient encore.

— Ah! ma mère! dit enfin l'étranger d'une voix entrecoupée de sanglots, ah! mes amis! ce jour est le plus beau de ma vie!

— Frère, dit Georget, tu ne nous quitteras plus, n'est-ce pas? ton absence fait trop de mal.

— Non, sans doute, répondit Joseph, à moins que ma bonne sœur ne soit pas aussi heureuse qu'elle le mérite.

— En ce cas, s'écria Jeannette en se précipitant dans ses bras, vous êtes pour toujours fixé près de nous; car il ne manquait plus que vous pour mettre le comble à notre félicité.

FIN

Imprimerie de Pommeret et Guenot, rue Mignon, 2.

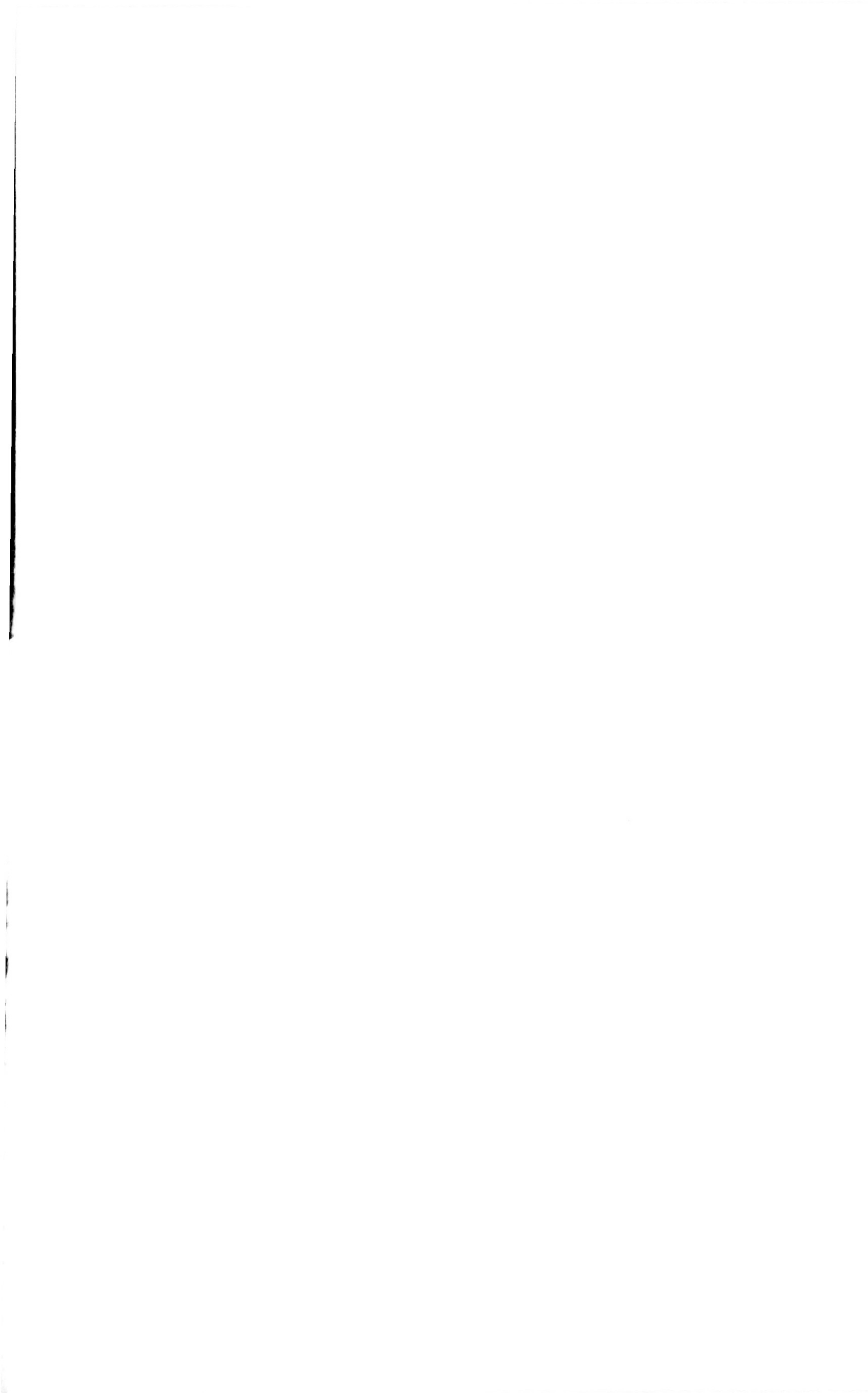

www.ingramcontent.com/pod-product-compliance
Ingram Content Group UK Ltd.
Pitfield, Milton Keynes, MK11 3LW, UK
UKHW020301230726
13925UKWH00001B/167